La voie du maître

De l'innocence au maître de la séduction

La voie du maître de la séduction

John Danen

Published by John Danen, 2023.

LA VOIE DU MAÎTRE DE LA SÉDUCTION

First edition. October 10, 2023.

Copyright © 2023 John Danen.

ISBN: 979-8224134403

Written by John Danen.

Table des Matières

Introduction.

Atteindre le sommet n'est pas facile du tout, c'est même extrêmement difficile. Vous traversez d'innombrables problèmes et des moments terribles où tout semble noir, si noir que vous abandonnez même en pensant que ce n'est pas possible.

Dans ce livre, je vais vous expliquer comment atteindre le succès en me basant sur mon aventure personnelle pour arriver là où je suis arrivé, et même si ce n'est pas un succès brutal, je le considère comme un succès. Je ne vais pas seulement parler des succès, mais aussi des échecs, du côté négatif, de l'apprentissage difficile, parce que chaque fois que vous faites une erreur, il y a un processus d'apprentissage, et c'est aussi en échouant que vous avancez et qu'après beaucoup de pratique, vous devenez un maître.

La grande leçon de tout le livre est qu'il faut être un combattant, un type qui prend les coups, se relève et continue à avancer. Un homme qui a une grande ambition et qui est presque toujours insatisfait de ses performances, un homme qui est prêt à continuer peu importe ce qu'il subit. Un homme qui fait cela peut aller jusqu'au bout de la route.

Dans le livre "Como materializar lo que deseas con el fxxxxxx Power", j'explique en détail et de manière impersonnelle les étapes à suivre pour atteindre le succès, dans ce livre je vous raconterai tout mon parcours, les bons et les mauvais moments que j'ai traversés. Je vous donnerai les clés et les compétences à acquérir, en tirant les leçons de chaque situation que j'ai vécue. J'espère qu'il vous inspirera pour suivre votre propre chemin et arriver là où vous voulez être, c'est-à-dire, je l'espère, très haut.

La dureté de la vie.

C'est vrai, la vie est terriblement brute. Presque personne n'arrive à quelque chose de décent, beaucoup n'ont même pas de projet, ceux qui sont l'immense majorité, n'arrivent à rien, parce qu'ils ont une vie par défaut, qui est celle que leur assigne le système. Parmi ceux qui ont une vision claire de l'endroit où ils veulent aller, quelques-uns, ceux qui sont déterminés à transformer leur vie actuelle en leur vie idéale, y parviennent.

Le temps passe et souvent vos compétences diminuent, vos forces s'amenuisent. Bien sûr, vous n'avez le soutien de personne, ni de votre famille, ni de vos amis. Personne ne comprendra que vous voulez être un grand dragueur, un séducteur. Ils le verront mal ou, du moins, ils penseront : "Cet homme est fou ! Alors comment quelqu'un peut-il te comprendre ou t'aider, la seule personne que tu as c'est toi-même et c'est toi que tu dois suivre et à qui tu dois plaire.

Celui qui n'est pas fermement déterminé, qui n'est pas capable de sacrifier une grande partie de sa vie pour cette cause, qui ne peut pas se concentrer sur cette question, qui n'est pas capable d'un dévouement immense, dur et absorbant, échoue complètement.

Les perdants.

De nombreuses personnes se sont abandonnées au système sans même se rendre compte qu'elles n'ont pas projeté un mode de vie pour elles-mêmes, qu'elles ont vécu une vie par défaut sans aspirer à quoi que ce soit. Si vous n'avez pas une image de vous-même réussie et si vous n'avez pas l'ambition de réussir, vous ne parviendrez qu'à une médiocrité totale dans votre vie.

Les gens meurent sans avoir vécu, sans avoir atteint ce qu'ils voulaient, sans avoir réalisé leur potentiel.

Ils sont reconnaissables parce qu'ils errent, mais ils ne marchent pas. Ils errent sans but dans la vie, d'un endroit à l'autre, sans plan précis. Dans leur tête, ils pensent que la vie est un endroit hostile où la survie suffit, et c'est tout ce à quoi ils aspirent. Ils aspirent à une vie par défaut, à un travail ordinaire, à une petite amie commune, à une économie qui leur donne de quoi vivre sans trop de luxe. S'ils ne souffrent pas de privations, c'est suffisant. Le travail qu'ils font sera toujours pour les autres, c'est-à-dire qu'ils travailleront pour les autres, parce qu'ils n'ont pas le courage et la vision de créer leur propre entreprise.

Avoir un mauvais secteur économique affectera votre estime de soi et gâchera les autres secteurs. Seules quelques personnes pourront séduire avec ce mauvais domaine, les très bonnes.

La séduction est encore plus difficile que le domaine économique. C'est pourquoi la plupart d'entre eux n'essaient même pas.

Mais certains ont ce qu'il faut, un dévouement monstrueux, un concept de soi à l'épreuve de l'échec, une conviction intérieure qu'ils sont séduisants. Ces quelques personnes qui sont nées belles et qui sont recherchées uniquement pour cela, et surtout celles qui développent leur attractivité par leur énorme désir de séduire les filles et qui sont prêtes à sacrifier tout ce qu'il faut et à s'investir énormément, ces quelques personnes montreront la voie aux autres et feront des choses qui sont impossibles pour tous les autres. Des choses enviées au plus haut point, comme le fait d'être avec beaucoup de jolies filles.

Pour moi, tous les autres sont les perdants, ceux qui ne réussissent pas, ceux qui, quel que soit l'argent qu'ils gagnent, ne sont pas du tout enviés, parce que les femmes qu'ils ont ne sont pas séduites par eux, mais par leur argent. Les séducteurs sont les gagnants et tous les autres les perdants.

La méthode de
l'enseignant.

Le chemin du maître est un chemin incroyablement difficile. Ce qui est amusant, c'est que lorsque vous vous engagez dans cette voie, vous n'êtes même pas conscient que vous commencez, car votre objectif n'est généralement pas de devenir un maître de la séduction, vous voulez simplement vous améliorer. On s'engage généralement dans cette voie à l'âge de 12, 14 ou 16 ans.

Je pense qu'il y a des gens qui sont incapables de s'engager dans cette voie, des gens qui la rejettent intellectuellement, la considérant comme une mauvaise chose. Des gens qui ne veulent pas du tout devenir des maîtres de la séduction. D'autres s'engagent dans cette voie sans s'en rendre compte, parce que ce qui est petit aujourd'hui sera le point de départ de grandes choses demain, donc on ne sait généralement pas très bien quand on commence à l'emprunter.

Ce que je sais, c'est ce qui m'est arrivé, et je peux donc vous le dire. Je peux aussi donner mon avis sur la façon dont d'autres prennent le chemin.

Je pense que le chemin de l'enseignant commence à un moment très éloigné dans le temps, lorsque vous êtes encore un enfant et que vous commencez à remarquer et à aimer les filles. Cela peut se produire entre 10 et 12 ans, et à l'âge de 13 ans, c'est impératif. Le chemin du maître commence un jour lointain à la fin de l'enfance, lorsque vous n'êtes ni un enfant ni un adolescent, mais quelque part entre les deux. Ce jour-là, vous commencez à développer cette attirance pour les femmes.

Dans mon cas, je pense que j'ai commencé à suivre cette voie dès l'enfance, parce que j'ai toujours aimé les filles. Quand j'étais petit, il y avait des filles que je trouvais très jolies et avec lesquelles j'imaginais des situations où j'étais leur héros, je les protégeais et j'étais avec elles, même sans savoir très bien ce qu'il fallait faire. Dans mon imagination, j'étais proche d'elles, en contact physique et elles m'admiraient, elles me regardaient beaucoup et je me sentais aimé. C'est ainsi que commence le chemin de l'enseignant. Dans l'imagination d'un garçon qui est attiré par les filles et qui veut les aimer.

Ainsi, pratiquement tout le monde a commencé ce voyage, car je suis sûr que c'est quelque chose que beaucoup, beaucoup de gens ont imaginé et ressenti. Pratiquement tout le monde s'est engagé sur cette voie, mais presque aucun d'entre eux ne l'a parcourue complètement.

D'autres s'engagent dans cette voie plus tard, mais comme je ne sais pas comment est la tête de chacun, je vais vous dire ce que j'ai vécu.

L'enfance.

Comme je l'ai déjà dit, j'ai aimé les filles dès mon plus jeune âge, et il semble que j'avais un certain magnétisme et qu'elles m'aimaient aussi, du moins un peu. Je me souviens qu'à l'âge de quatre ou cinq ans, ma mère m'emmenait manger sur la terrasse. De l'autre côté de la rue, sur le balcon voisin, vivaient deux filles appelées Marián et Beatriz, et lorsque je sortais manger, elles me voyaient et demandaient à leur mère de sortir aussi. Je leur parlais, je riais et je m'amusais, et grâce à cela, ces filles mangeaient aussi en me regardant. Leur grand-mère a dit que chaque fois que je sortais manger sur la terrasse, les filles se divertissaient et mangeaient.

Il est vrai aussi que j'étais assez drôle et spirituel, j'étais amical et bavard, je savais comment faire rire les gens, j'imitais les gens et des choses comme ça, ce qui m'a rendu assez populaire. Mais c'était quand j'étais plus âgé, pas sur la terrasse.

Quand j'avais environ six ans, ces amis ont dit à la fille que j'aimais bien que je l'aimais bien, ce qui m'a fait me sentir très mal et j'ai pleuré parce qu'ils m'ont fait me sentir très honteuse en lui disant cela. En outre, il y avait huit ou dix filles qui disaient toutes cela devant elle, alors j'ai peut-être été un peu traumatisée, mais je ne pense pas que ce soit quelque chose de très grave non plus.

La prochaine chose importante dans les relations avec les filles s'est produite lorsque j'avais environ 9 ans, lorsque mes amis m'ont emmené draguer une fille et l'ont traitée de jolie, je n'aimais pas ça mais je l'ai fait pour les accompagner. Il s'agissait d'une fille plus âgée d'environ 12 ans, beaucoup plus âgée que nous. Les narines de la fille se sont dilatées, elle s'est retournée contre nous et m'a attrapée, moi qui étais la plus innocente, et, à ma grande surprise, elle m'a giflée si fort que j'en ai été assommée. Ce fut vraiment un traumatisme car je l'ai oublié pendant de nombreuses années et je m'en suis souvenu un jour, à l'âge de 31 ans. C'est peut-être ce qui m'a un peu énervée contre eux. Et donc, sans le savoir, la base pour être un mauvais garçon a été posée à l'intérieur de moi, parce que cela a été oublié là, mais cela a affecté l'intérieur. Je pense qu'au début, j'ai eu peur d'eux et que cela s'est transformé en mépris. Je pense que tout ce qui arrive a une raison, Dieu a voulu que j'aie cette rancœur à l'intérieur sans le savoir, qui peu à peu s'est manifestée par un comportement arrogant de proxénète qui m'a valu tant de victoires.

À 31 ans, tout le traumatisme a dû être révélé et les choses étaient déjà équilibrées en termes de mauvaise conduite de part et d'autre pour que je puisse m'en souvenir.

C'est ainsi que, faisant plus de mal que de bien, je leur ai rendu la monnaie de leur pièce.

Quand j'avais douze ans, il y avait une fille que j'aimais bien, il y avait toujours quelqu'un que j'aimais bien et bien sûr je n'osais même pas lui parler, j'étais timide et peu sûr de moi à cause de ce traumatisme et je n'étais pas capable de faire quoi que ce soit de spécial, j'étais un imbécile d'école. J'étais sur le point d'embrasser cette fille sur la bouche quand j'avais 12 ans, juste en lui demandant. Elle a dit oui, mais lorsqu'elle s'est trouvée devant moi, je n'ai pas su quoi faire, j'ai eu peur et je n'ai rien fait.

Puis, à treize ans, après avoir regretté toute cette putain d'année l'inutilité de l'année précédente, je suis retourné à la charge et j'ai réessayé ce même baiser, et cette fois je le lui ai donné, et il avait un goût de gloire. C'était mon premier baiser avec la langue et cela m'a changé et m'a donné l'impression d'être un vainqueur. C'était l'été 1983.

Qualités acquises :

- Désir de se racheter de ses erreurs passées. Il s'agit simplement d'un désir d'amélioration.

- Osez interagir.
- Ayez le courage de demander.

Tout part d'un désir, de quelque chose dont on n'est pas satisfait et que l'on veut améliorer, et c'est là que commence le chemin du maître. De ce désir, de cette insatisfaction, naît l'action, une action mal faite, mais une action quand même. Ceux qui ne savent pas créer l'attraction, vont simplement les chercher en étant en dessous d'eux, et leur seul moyen de faire quelque chose est de demander.

Il s'agit de l'élément le plus fondamental et le plus simple, qui est souvent oublié. Celui qui demande accède directement à la fermeture. Nous oublions souvent la chose la plus élémentaire, demander. Si vous n'obtenez pas ce que vous voulez d'une manière plus sophistiquée, demandez. Soyez le bébé qui pleure et à qui l'on donne la tétine. Demandez et parfois on vous le donnera. Si vous n'essayez pas et ne demandez pas, vous êtes en mauvaise posture.

Tout était à faire. Au moins, avec ces qualités, vous progressez en vous battant. C'est mieux que de ne rien faire.

- Souhaite s'améliorer.
- Interagir
- Il appelle à.

Avec ce baiser, mon enfance s'est terminée et mon adolescence a commencé.

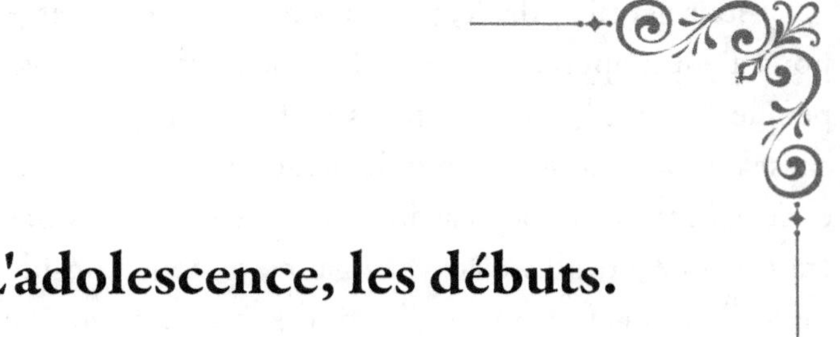

L'adolescence, les débuts.

Grâce à cet apprentissage, j'avais les armes les plus élémentaires pour continuer à en rajouter. C'est ainsi qu'un jour, l'année suivante, en 1984, dans mon centre de vacances, j'ai dit à une autre fille que je voulais l'embrasser, elle a dit oui, et je lui ai donné. Mais avec des armes aussi peu sophistiquées, je ne pouvais pas faire grand-chose, et il me manquait une autre qualité importante, celle d'oser les utiliser.

L'année suivante, en 1985, je n'ai pas eu ce culot et, bien que j'aie rencontré d'innombrables filles, je n'ai pas eu les couilles de dire cela à l'une d'entre elles. On n'a pas fait grand-chose pendant cette période d'apprentissage.

L'amélioration suivante consistait à utiliser ses armes et je ne les ai pas utilisées.

C'était une période dure, dure, non, très dure. À l'immense désir d'embrasser des filles et de faire des choses avec elles s'ajoutait un énorme besoin sexuel, qui vous mettait à leur merci, vous pensiez beaucoup à elles, vous étiez dans le besoin et la dépendance au maximum, vous étiez sexuellement super frustré et vous ne saviez rien de rien. C'était une période difficile, mais comme vous ne saviez rien d'autre, elle vous semblait bonne, car vous aviez l'illusion d'aller de l'avant et vous profitiez de chaque interaction.

Petit à petit, les gens se sont réveillés et vous avez vu comment une personne faisait quelque chose avec une autre, une autre avec une autre, une autre avec plusieurs. Vous pratiquiez et interagissiez à volonté, mais vous appreniez peu, car vous ne compreniez rien à ce qui se passait.

J'étais gentil et drôle, j'essayais de les faire rire et je pensais qu'elles pourraient m'apprécier, à tel point que j'ai fini par devenir l'amuseur du peuple, le gentil garçon qu'elles recherchent pour être à l'aise, mais à cause de son manque absolu de malice, de sa naïveté, de son innocence et de sa timidité, il n'a pu attirer aucune d'entre elles. Si l'une d'entre elles était attirée, en plus d'être arrogante, je ne la considérais pas comme digne de mon attention, et j'en poursuivais certaines qui me rejetaient, et je rejetais celles qui m'aimaient.

À l'âge de 15 ou début 16 ans, je me suis rendu compte de cette erreur et j'ai décidé de ne pas trop leur plaire comme je l'avais fait auparavant, en étant un garçon amusant et joyeux, ce qui est très bien, mais pas suffisant pour leur plaire, n'ayant pas la malice du mauvais garçon, celui qui les fait souffrir avec sa méchanceté et son espièglerie. Je l'ai compris et je l'ai bien appliqué, mais ce n'était pas suffisant. J'étais mou, je les aimais trop, et en les voyant comme des merveilles, je ne pouvais pas faire grand-chose.

Au cours de ces années 15 et 16, j'ai appris à ne pas trop plaire, à me rendre plus intéressante et plus résistante. Cela a été difficile à apprendre, mais je l'ai appris.

Une autre chose que j'ai apprise est de me considérer comme un gros canon, de me sentir supérieur à eux parfois, et cela en valait la peine, mais je ne l'ai appliqué qu'à ceux que je n'aimais pas.

Ce temps n'a pas été perdu, il a fait partie du processus d'apprentissage. C'est ainsi que nous avons atteint la fin des 15 ans avec quelques améliorations importantes.

Les enseignements de ces années que vous devez faire entrer dans votre psychisme sont les suivants :

- Ne pas trop leur plaire, ne pas faire le clown, ne pas être disponible pour eux, toujours leur faire plaisir, pour que plus tard ils soient enlevés par d'autres méchants.
- Croyez que vous êtes une grande beauté et aimez-vous.

Aussi, très peu à peu, j'ai commencé à détecter les filles qui m'aimaient bien, c'était facile, car du fait de ma grande beauté, il y en avait beaucoup qui m'aimaient bien et je le remarquais, et malgré mes immenses défauts, elles me validaient pour sortir avec elles.

C'était une grande amélioration, mais cela n'a fait que révéler les énormes lacunes internes que j'avais. Je raconterai cette histoire dans le prochain chapitre.

Adolescence. Phase Clark Kent.

Eh bien, oui, j'étais un très, très beau garçon à l'âge de 15 ou 16 ans, quelque chose de spectaculaire, et cela a accéléré mes relations avec les filles, parce qu'elles venaient vers moi, se présentaient à moi, m'écrivaient des lettres d'amour, et tout ce que vous pouvez imaginer.

J'ai commencé à me rendre compte que le physique compte énormément lorsque l'on est très sexy. Et je l'étais énormément. J'ai donc dit à certaines d'entre elles que je sortirais avec elles, et il est devenu évident que derrière mon physique imposant, il n'y avait rien d'autre qu'un garçon lâche.

J'avais peur d'eux, je pensais que je ne savais pas bien embrasser, que je me ridiculiserais et qu'ils se moqueraient de moi, c'est pourquoi les 4 premières fois que je suis sorti avec eux, je n'ai pas fait plus que leur donner une bise sur la bouche. À la fin, ils en ont eu assez d'avoir un imbécile et m'ont quitté, ce qui m'a un peu soulagé, parce que je vivais tous les jours dans la peur et le stress, mais cela m'a aussi terriblement énervé de me sentir si stupide. Je leur reprochais de ne pas m'avoir aidé à les embrasser davantage, et je devins un peu rancunier.

C'est parce que la deuxième fille que j'ai embrassée à l'âge de 14 ans m'a dit que je ne savais pas embrasser, alors j'ai passé un certain temps sans oser embrasser aucune fille, comme si cela ne pouvait pas s'apprendre. Je me suis ridiculisé et j'ai dû voir comment quelqu'un qui sortait avec elle main dans la main, qui sortait avec moi et que je n'embrassais pas parce que j'étais un lâche, sortait bientôt avec quelqu'un de beaucoup plus intelligent que moi. Ce qui était une putain de merde, à la fin c'était excellent, parce que ça m'a donné la mauvaise attitude de les estimer moins et grâce à ça, beaucoup plus tard, d'être capable de les draguer en masse.

Un jour, un camarade de lycée m'a présenté à des filles de mon âge, elles fumaient et semblaient très expérimentées, elles m'ont intimidé et je suis devenu très timide, j'ai même bégayé parce que j'avais peur d'elles. C'était le point le plus bas de ma phase d'idiote perdue. J'étais dans cette phase parce que cette peur m'avait involué et que je n'étais ni amusant ni extraverti, mais un peu effrayé par les filles qui semblaient avoir 10 ans de plus que moi, parce que je ne sortais pas, ne fumais pas et ne buvais pas.

J'attribue aussi cette régression à la surprotection de mes parents, au déménagement, mais surtout au premier, au fait que mes parents ne me laissaient rien faire et me gardaient comme un enfant. Heureusement, cette phase horrible s'est terminée très rapidement.

J'ai également rejeté une fois une fille que j'aimais bien et que j'aimais beaucoup et qui m'aimait bien. C'était parce que j'étais totalement influencé par ma mère qui avait commencé à la critiquer et à la sous-estimer. Cette fille était folle de moi et c'était un véritable non-sens de la rejeter, car elle était également très aisée. C'est une relation de plus d'un an qui a capoté parce que j'ai écouté ma mère. C'était la fille qui était destinée à être la petite amie numéro un et je le regrette ! Je regrette de ne pas avoir fait ce que j'aurais dû faire. Et cela ne reviendra jamais, l'opportunité que vous rejetez ne revient jamais et vous le payez cher plus tard. J'ai été brutalement puni par la suite en passant par toutes ces épreuves que je n'aurais pas connues si je l'avais embrassée. Si Dieu vous le donne, vous devez en profiter.

La leçon à tirer de tout cela est la suivante :

- Le physique, s'il est brillant, compte beaucoup.
- Les filles ne prennent pas l'initiative d'embrasser ou de faire quoi que ce soit d'autre, c'est à vous de prendre l'initiative.

- Il est bon d'être en colère (d'être si inutile ou autre), car cela vous fait avancer.
- Il faut surmonter ses peurs. Pour avancer, il faut les affronter, ce que je n'ai pas fait, mais qui est la leçon la plus importante de cette époque.
- N'écoute pas tes parents en toutes choses.
- Ne manquez jamais une bonne occasion, car si vous le faites, vous serez sévèrement puni.

L'adolescence. Surmonter les peurs les plus ridicules.

Un jour, à l'âge de 16 ans, j'ai rencontré un camarade de lycée qui connaissait une fille de Valence et voulait me présenter à elle. J'y suis donc allée et il me l'a présentée, et je lui en suis reconnaissante. Il me l'a présentée parce qu'elle venait de Valence et comme j'avais beaucoup de liens avec Valence, il a eu l'idée de me la présenter. Elle avait probablement vu ou entendu parler de moi et c'était l'excuse pour me rencontrer.

Je l'ai rencontrée et il ne s'est pas passé grand-chose d'autre ce jour-là. Un autre jour, j'ai rencontré cette Valencienne qui était accompagnée d'une amie. Je devais aller en discothèque cet après-midi-là et cette amie, qui s'appelait Isa, y allait aussi, alors je l'ai accompagnée.

Ce soir-là, je me suis bien amusé, j'étais désinhibé et j'ai eu quelques cubalibres avec cette Isa dans la discothèque.

Je n'appréciais pas particulièrement cette Isa, je la voyais comme une fille comme les autres, ni bonne ni mauvaise, donc je n'étais pas intimidé, je ne l'aimais pas, je ne la trouvais pas moche, et je ne ressentais rien de spécial. Et donc, sans trop la valoriser et désinhibés par l'alcool, nous sommes parvenus à une bonne communication et avons fini par beaucoup parler, rire et passer un bon moment, ce qui m'a inévitablement amené, sans le vouloir ni le prévoir, à passer tout l'après-midi à la peloter sans discontinuer. J'ai fait bonne figure et ce jour-là, j'ai surmonté ma peur ridicule d'embrasser des filles et j'ai cessé d'être un monstre avec elles. Super tard, par hasard et sans le chercher, mais c'est ce qui s'est passé. J'ai passé une soirée fantastique. La Valencienne a tout découvert et non seulement cela ne m'a pas fait de mal, mais cela a rehaussé mon statut et, en peu de temps, elle tomberait elle aussi dans mon filet.

Ce jour-là, j'ai fait un pas de plus sur le chemin du maître, j'ai cessé d'être un geek stupide pour devenir simplement un beau fou. Et il suffisait d'être si beau, si bête, pour se faire draguer en ces temps reculés.

Qu'apprenons-nous donc ici ?

- Nous apprenons que si nous ne leur accordons pas une grande valeur, nous avons plus de chances de les aimer.
- Si nous sommes désinhibés et amusants, nous les attirerons. Ce qui a été très facile grâce à la fluidité de l'interaction.

Dès que j'ai cessé de penser, que j'ai désactivé le cerveau et les idées limitatives qui m'écrasaient et que j'ai simplement fait ce que mon instinct me demandait de faire, j'ai tout fait correctement et j'ai embrassé la fille de la manière la plus naturelle du monde. Je n'ai pas eu à surmonter de peur parce que je n'en avais pas à ce moment-là. C'était aussi simple que cela. Je n'ai rien pensé.

Ne pensez pas, agissez.

En résumé :

- N'accordez pas trop d'importance aux filles.
- Ne pensez pas à eux, à l'interaction ou à quoi que ce soit de négatif, les pensées affaiblissent votre charisme. Dans l'interaction, c'est le courant qui passe.
- Soyez amusant et désinhibé.

Premières bonnes actions.

À Palma de Majorque, quand j'avais 17 ans, j'étais dans une discothèque avec des centaines d'autres adolescents venus de toute l'Espagne. Nous y allions tous pour profiter de nos excursions après avoir terminé la 3e BUP.

Sur la piste de danse, il y avait une fille superbe, la plus belle de tout le club. Elle dansait et autour d'elle il y avait au moins 5 gars qui la regardaient et qui étaient clairement intéressés. Je me suis approché de l'un d'eux et je lui ai dit : "Putain, elle est canon !" et il m'a répondu : "Ouais, mec, elle est géniale !

Je suis resté là quelques secondes et il m'est apparu clairement que je n'allais pas rester là comme un crétin à l'admirer, alors sans réfléchir, j'ai eu les couilles d'aller lui parler, et j'étais sûr d'être déterminé et super direct.

Ma présentation s'est déroulée comme suit.

-Bonjour, comme vous êtes sexy, vous avez l'air de la fille la plus sexy du club, je vous ai vue et j'aimerais vraiment vous rencontrer. Elle a dit

-Vale-

J'ai dit

-Sortons des sentiers battus.

Elle est venue avec moi à l'envie de toute cette putain de discothèque, les admirateurs étaient foutus de ne pas être les plus courageux, et nous sommes allés nous placer à côté d'une colonne rembourrée et là en un rien de temps, soit je lui ai dit que je voulais l'embrasser, soit elle me l'a dit directement, soit ça s'est fait facilement sans dire grand-chose. D'ailleurs, elle semblait heureuse, aussi heureuse que moi d'être avec moi. Et cette nuit-là, j'embrassais une fille très sexy, à l'envie de toute l'île de Majorque.

Après cette exposition, beaucoup ont commencé à m'appeler "le maître" pour une telle action. Et même si j'étais au paléolithique de la séduction, avec le joli visage et le beau corps que j'avais, dès que je demandais quelque chose, on me le donnait. J'ai utilisé ces armes pour faire ce que j'ai fait, ce qui n'était pas une chose folle à faire, puisqu'il n'y avait pas de sexe, mais cela m'a donné un énorme coup de pouce à mon estime de soi.

L'enseignement.

- Ayez confiance en vous et essayez-les même si elles sont impressionnantes, souvent personne n'ose, et celui qui le fait est très bien récompensé.
- Si vous êtes très beau, abusez-en et avec le peu que vous faites, ils en vaudront la peine et vous accompagneront.
- Isolez-la, séparez-la de l'endroit où elle se trouve, si elle l'accepte, c'est que vous lui plaisez. J'ai appris cela en discutant avec un autre gars qui débutait à l'époque et qui m'a enseigné cette astuce. Je l'ai appris à merveille et je l'ai mis en pratique ce soir-là pour la première fois.

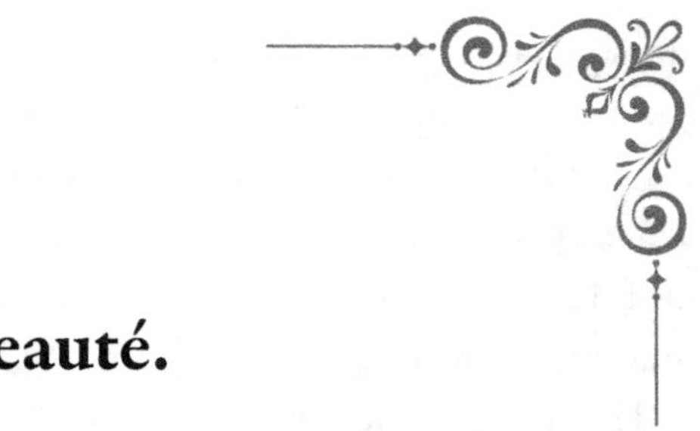

Beauté.

À l'âge de dix-sept ans, j'étais déterminé et, fort de la confiance que ce grand triomphe m'avait donnée, je me consacrais intensément à essayer de draguer les filles.

Grâce à ce dévouement, j'ai dragué beaucoup de filles et avec beaucoup de facilité, je suis vraiment passé à la vitesse supérieure, bien au-delà de ce que les garçons de mon âge étaient capables de développer.

Je les ramassais et les méprisais comme si chacun d'entre eux était responsable de quelque chose. J'étais un enfant en colère qui voulait se venger de la mauvaise période que j'avais vécue auparavant, lorsque j'étais timide et bon, et qu'ils avaient payée en m'abandonnant. Au fond, je n'étais encore qu'un enfant.

Désormais plus confiante, j'ai commencé à me démarquer. La beauté vous donne confiance, la confiance vous donne des succès et ceux-ci vous donnent à leur tour plus de confiance. Je n'avais pas besoin d'aborder beaucoup de filles non plus, il suffisait de demander, et parfois ce n'était même pas nécessaire, elles venaient à moi ; elles se présentaient à moi, m'invitaient à sortir, ou criaient mon nom en disant "beau gosse" dans la rue. Elles me voyaient et leurs culottes tombaient, elles me faisaient des compliments, je n'avais pratiquement rien à faire pour les draguer.

Je me souviens qu'une fois, en discothèque, on m'a présenté un groupe de filles d'une bande. Elles étaient si nombreuses à parler en même temps pour me rencontrer que je ne pouvais pas m'occuper d'elles toutes ensemble parce que je ne comprenais pas ce qu'elles disaient, alors je leur ai dit de faire la queue pour que je puisse bien connaître chacune d'entre elles, et elles ont fait la queue avec six ou sept filles.

J'utilisais cette technique qui consistait à entrer, à être gentille et drôle, et peu après à leur dire de venir dans un endroit plus intime avec moi. Elles venaient et je restais là à les embrasser tout l'après-midi. À l'époque, je me considérais comme un bon gars, j'étais très enthousiaste et dévoué, et cela a porté ses fruits.

Les gens ne doivent pas nécessairement commencer au niveau le plus bas et monter niveau par niveau, ils peuvent monter plus vite ou commencer à des niveaux plus élevés. Ce que vous n'avez pas, c'est l'expérience. Le classement que j'ai effectué en termes de niveaux de séduction est basé sur l'expérience et la connaissance et pas tellement sur les résultats.

À cette époque, j'étais stupide en termes de connaissances, mais pas en termes de résultats, grâce au grand avantage de la beauté. J'ai eu beaucoup de succès et les résultats n'étaient pas du tout stupides, mais plutôt très intelligents. Pour mon âge, j'étais super intelligente, car personne ne faisait pratiquement rien, embrasser des filles à cette époque lointaine était considéré par tout le monde comme un maître.

Nous parlons des années 80 en Espagne, de plus, je vivais dans une ville très traditionnelle, où les gens atteignaient souvent 20 ou 22 ans sans aucune expérience. Ce n'était pas l'Amérique où certains, à 13 ou 14 ans, couchaient même avec des filles.

Ayant l'image du "plus beau", je pouvais aborder n'importe quelle fille sans crainte. Et non seulement elles me prêtaient attention, mais certaines d'entre elles ne croyaient pas qu'elles avaient été choisies, car elles se considéraient très inférieures à moi. Cela m'a donné beaucoup de confiance. Si vous avez cet avantage, vous devez l'utiliser, si vous ne l'avez pas, créez un avantage compétitif dans votre tête. Me sentant au-dessus du lot, j'ai même dragué les filles les plus sexy de la ville avec une grande facilité.

J'avais cet avantage concurrentiel et cela a accéléré le processus d'apprentissage. Par conséquent, les progrès ont été beaucoup plus rapides.

Auparavant, à 14, 15 et 16 ans, j'étais presque aussi beau, mais ma timidité gâchait ma beauté. Aujourd'hui, à 17 ans, j'exulte.

Que pouvez-vous en tirer ?

- Si vous disposez d'un avantage concurrentiel, abusez de cet avantage en vous le mettant dans la tête et en acquérant la confiance nécessaire pour vous considérer comme supérieur à tous les autres.
- Si vous ne disposez pas de cet avantage concurrentiel, vous devez le créer artificiellement par la pensée. C'est donc en vous répétant cet avantage, en y pensant et en croyant aveuglément que vous avez vraiment cet avantage, qu'il se matérialisera dans la réalité.

Par exemple, vous pouvez croire que vous êtes le plus séduisant, le plus fort, ou que vous avez quelque chose de spécial qui attire les filles, même si vous n'êtes pas beau. C'est beaucoup plus difficile que la vie de surdoué que j'ai eue, où la réalité elle-même, sans que j'y pense, me disait haut et fort que j'avais cet avantage.

Tu devrais aussi apprendre que les grands et beaux garçons n'ont aucun mérite, parce qu'ils n'attirent les filles que parce qu'ils sont beaux, et que parfois, derrière leur beauté, il n'y a pas de grande sagesse ou connaissance, puisqu'ils ne sont même pas attirants, parce que derrière leur beauté, ils cachent de grandes insécurités, comme cela m'est arrivé.

Le fait d'être beau en général est un avantage, mais c'est aussi un inconvénient, car vous développerez très peu de charisme.

Donc si vous êtes beau, vous aurez l'avantage d'être beau, et si vous êtes moins beau, vous aurez l'avantage de devoir développer davantage votre esprit pour compenser ce manque. Le fait de ne pas être beau n'est pas un inconvénient, c'est une chance. Bien sûr, c'est plus difficile

! Et c'est aussi plus difficile, je le sais, c'est beaucoup plus difficile. Au début, c'est un énorme désavantage, mais derrière un désavantage, il y a toujours une énorme opportunité. L'opportunité, dans ce cas, c'est que vous serez obligé de créer une personnalité attrayante. Si vous parvenez à créer cette personnalité attrayante, elle sera beaucoup plus solide que la grande beauté, qui disparaît parfois au bout de quelques années, alors que la création d'une personnalité attrayante crée un avantage beaucoup plus solide et qui reste également à vie.

Si le beau garçon ne développe rien d'autre, dès qu'il cesse d'être beau, il cesse de flirter. Cela se produit parce qu'il a tendance à prendre ses aises, il n'est pas habitué au non, au rejet, à faire un effort, il ne veut pas faire d'effort parce que pour lui, c'est insultant. Parfois, son ego est tellement élevé que les filles finissent par ne plus l'aimer. Parfois, ils tombent en dépression dès que leur beauté diminue. Certains sont gâtés à 25 ans et tombent dans un marasme qu'ils ne parviennent pas à rattraper. De même, certains beaux gosses qui n'utilisent pas trop leurs autres armes, finissent par penser que la drague est une affaire de jeunesse, et dans leur tête, dès qu'ils ne sont plus aussi jeunes, ils se voient vieux et finis. Ainsi, ce qui est génial en principe peut être un désavantage en fin de compte, et ce qui est terrible peut se transformer en un énorme avantage. En fin de compte, tout dépend de vous, de votre tête, bien plus que de votre beauté.

En fin de compte, la création d'une personnalité attrayante est un chemin plus difficile, mais beaucoup plus solide, durable et utile, et cette personnalité devient toujours une arme bien supérieure à la beauté.

Il faut dire aussi qu'il est difficile pour le beau gosse de ne pas développer d'autres armes, parce qu'à force d'interactions et de contacts avec les filles, il apprend plus vite comment elles sont et comment les aimer, alors s'il commence à réfléchir et à analyser les choses, le beau gosse peut acquérir de la sagesse très rapidement.

Si le beau est également intelligent, cela lui donnera un avantage certain et inaccessible pour les autres à ce moment-là. Le beau atteindra très rapidement des niveaux très élevés. Cette beauté qui lui donne un avantage n'est pas disponible pour le normal, de sorte que son ascension sera beaucoup plus lente au fur et à mesure qu'il construira sa personnalité attrayante. Il lui faudra des années pour atteindre les performances du beau. Mais ne vous inquiétez pas, ce sera plus lent mais plus sûr. Le beau tombera un jour et même s'il lui faut des décennies pour atteindre son cursus, il s'agit d'une course de fond et c'est à 80 ans qu'il faut faire le point.

Très souvent, ces beaux gosses ont une carrière très courte, car ils trouvent rapidement une jolie fille dont ils tombent amoureux et abandonnent la séduction. Comme je l'ai déjà dit, beaucoup n'ont pas l'occasion de développer d'autres armes, et si la belle tombe, ils ne savent pas comment revenir dans l'élite.

Appréciez votre beauté si vous l'avez, appréciez votre laideur si vous l'avez, ce sont des armes différentes et toutes deux vous donnent la victoire si vous les utilisez bien.

Dédicace.

Le dévouement vous polira et vous transformera en séducteur, même avec très peu de beauté. Utilisez cette arme, souffrez mais persévérez, à la fin les beaux cessent presque toujours de flirter parce qu'ils sont beaux, et soit ils deviennent des hommes séduisants, soit ils disparaissent.

Le dévouement est une arme lente, une arme que vous détesterez, une arme d'abord bien inférieure à la beauté, mais c'est une arme cumulative, et peu à peu vous augmenterez votre pouvoir grâce à elle. Au fil des ans, l'expérience acquise grâce au dévouement vous permettra d'engranger bien plus que la beauté. Avec le dévouement, en persistant, en étant infatigable, tu finiras par battre tous les beaux, tu te moqueras d'eux et tu les verras au loin, tu les verras comme de lointains souvenirs d'hommes qui t'ont dépassé et qui aujourd'hui ne sont plus personne, parce qu'ils ont été ensevelis par les océans du temps, et surtout, de femmes que tu as aimées. Vous finirez par les voir loin, très loin en dessous de vous, et vous finirez par les plaindre.

Célébrez le fait que les plus beaux vous dépassent, au moins vous avez des rivaux, si vous suivez le chemin du maître jusqu'au bout, au sommet, vous serez totalement seul.

Ce que nous apprenons de tout cela.

- Ce dévouement est notre arme la plus lente mais, à long terme, notre meilleure arme, car en se dévouant et en se dévouant, on se rend compte petit à petit de ce que l'on fait bien et de ce que l'on fait mal, on peaufine sa personnalité, on acquiert de l'expérience et, finalement, on devient un grand dragueur sans avoir besoin d'être séduisant.

Vous êtes votre seul rival.

Une autre étape sur le chemin de la maîtrise est celle-ci : prendre conscience que vous êtes votre seul rival.

Arrêtez de vous comparer aux autres, de vous sentir mieux ou moins bien selon que vous avez l'air mieux ou moins bien que les autres. Si vous allez avec des imbéciles, vous vous distinguerez et vous vous sentirez le plus intelligent, mais vous vous tromperez vous-même. Si vous allez avec des gens super intelligents, vous penserez que vous êtes stupide, alors que vous êtes peut-être l'une des personnes les plus intelligentes de l'endroit. Arrêtez donc de vous comparer.

C'est à vous-même que vous devez vous comparer, non pas à ce que vous avez fait de mieux jusqu'à présent, mais à ce que vous pensez pouvoir faire de mieux. Cette comparaison vous ramènera à la triste réalité : vous vous rendez compte que vous ne faites pratiquement rien par rapport à des circonstances parfaites et à vos performances maximales imaginables.

Il ne faut pas se martyriser parce qu'on n'est pas au mieux de sa forme, mais être conscient de l'infinie marge d'amélioration qui subsiste. Le chemin du maître est une route longue et sinueuse, avec un maximum de dangers et de difficultés. Ce n'est que si vous êtes déterminé que vous arriverez au bout.

Qu'apprenons-nous ici ?

- Cette vie est une lutte contre vos insécurités, vos peurs et vos défauts. C'est cette lutte que vous devez mener toute votre vie, tout ce qui est extérieur étant une manifestation de votre victoire ou de votre défaite dans ce domaine.

Commencer à
rentabiliser le membre.

Jusqu'à présent, dans la voie du maître, il n'y avait que des améliorations mentales, quelques baisers et un peu plus, mais il est arrivé un moment où j'ai réalisé que tout cela ne me satisfaisait pas du tout et que je voulais beaucoup plus. Je voulais faire l'amour avec les filles que je ramassais, et la vérité est qu'elles étaient super gâchées, parce que je ne faisais pas grand-chose. Certaines m'ont touché un sein, une autre a touché sa chatte, mais superficiellement, parce qu'elle ne m'a pas laissé atteindre ses lèvres, et de toute façon, je faisais des progrès bien sûr, mais je n'avais toujours pas fait l'amour à l'âge de dix-neuf ans. Un âge bien tardif pour ce qui est normal de nos jours.

Mais un soir, j'ai commencé ma carrière dans ce domaine en flirtant même si je n'en avais pas envie. C'était avec une fille étrangère dans une station balnéaire. Grâce à cette expérience, j'ai compris que je ne pouvais pas laisser les filles s'échapper sans faire l'amour, que je devais au moins essayer, j'ai commencé à réaliser ce que je ratais parce que j'étais un imbécile.

À l'époque, j'avais la croyance limitée que pour avoir des relations sexuelles, il fallait avoir une petite amie officielle, et que si vous aviez de la chance, elle vous laisserait faire après un long moment, probablement des années. Il n'y avait pas de livres, pas de professeurs, pas d'internet, personne n'avait la moindre idée sur le sexe ou les relations. La seule chose que les écoles, les parents et la société dans son ensemble vous mettaient dans la tête était que la virginité était quelque chose de très important, et moi, habituée à entendre des commentaires désobligeants sur les femmes qui n'étaient pas adeptes de la virginité, je pensais que toutes les femmes, à l'exception de quelques-unes qui étaient mal vues, la pratiquaient. La norme était d'être vierge jusqu'au mariage, et je pensais que j'aurais de la chance si je réussissais à le faire avant.

Je pensais que c'était la seule solution et c'est là que j'en étais, parce que j'avais une petite amie et que les choses allaient très, très lentement, et qu'il semblait qu'il faudrait des années pour y arriver, si c'était finalement le cas.

Avec cette fille que j'ai rencontrée à la station balnéaire, je me suis rendu compte qu'il y avait d'autres filles plus libérées sexuellement. En tant qu'étranger, je pensais que ces facilités sexuelles ne s'appliquaient qu'à des circonstances très favorables, comme les lieux de fête, et surtout aux étrangers, et qu'elles ne s'appliquaient guère aux Espagnoles dans leur ville d'origine.

Qu'apprenons-nous de tout cela ?

- Nous apprenons que le chemin du maître est un chemin plein d'obstacles, ces obstacles sont les croyances limitantes que vous avez vous-même parce que vous avez été programmé de cette façon. Vous êtes programmé pour être stupide.

Qu'apprenons-nous d'autre ici ?

- Nous apprenons également qu'à force de dévouement et de pratique, la réalité vous montre qu'elle est réelle et qu'il ne s'agit pas d'un fantasme que vous avez dans votre tête. Grâce à ce dévouement, j'ai au moins compris qu'il y avait des circonstances favorables dans lesquelles je pouvais aller jusqu'au bout.

Si je m'étais conformée à ce qui était établi, je n'aurais rien fait et je serais restée vierge jusqu'à l'âge de 23 ou 24 ans, comme c'était le cas de presque tous mes camarades de lycée.

Les croyances limitantes sont également combattues en prenant l'initiative opposée à cette croyance et en observant les résultats. Souvent, on se rend compte que ce que l'on croyait être vrai ne l'est pas, et grâce à cette expérimentation qui réfute la croyance, celle-ci s'efface.

Ce que je viens de vous dire pourrait vous faire penser que je suis un bon à rien ! Qu'à cela ne tienne, oui, c'est vrai, j'étais un imbécile et j'essayais tant bien que mal de l'être le moins possible. Ce n'était pas facile de cesser d'être un imbécile, pas facile du tout. À l'époque, ce passage de l'état d'imbécile à celui de moins imbécile me procurait une grande joie. Il faut juger chacun à son âge, dans son espace et dans son temps.

Le chemin du maître est difficile, mais c'est aussi toujours un chemin vers plus de connaissance et plus de pouvoir. Sauf lorsque vous entrez dans un âge très élevé, où malgré l'énorme savoir, vous ne pouvez pas bien matérialiser le pouvoir en raison de la rareté du marché existant, le chemin du maître est toujours vers plus de savoir et presque toujours vers plus de pouvoir, parce qu'il y a des hauts et des bas en fonction du dévouement et de l'illusion du moment, et en vous motivant, vous pouvez faire des années mémorables à des âges très avancés.

Des échecs immenses qui ressemblent à des réussites impressionnantes.

Sur le chemin de l'enseignant, il y a d'immenses succès qui provoquent de grands bonheurs et, à long terme, de la peine, de la douleur, de la nostalgie et, surtout, beaucoup de temps d'apprentissage perdu.

J'ai rencontré une fille très belle, très gentille, adorable, touchante. Cette fille m'a donné un grand amour et un bonheur absolu. Cette même fille a fini par devenir un énorme obstacle pour moi sur le chemin du maître parce que je suis tombé amoureux tout de suite, mais, comme la vie l'a voulu, à la fin je me suis fatigué et ennuyé de cette relation.

À l'âge de 18 ans, j'ai rencontré une fille, comme je l'ai déjà dit, et je suis tombé sous le charme des flèches de Cupidon. Je suis tombé amoureux et j'ai considéré que ma petite carrière amoureuse était terminée, car j'avais trouvé l'amour de ma vie. Et ce fut le cas, ce fut l'amour de ma vie. Aucune autre femme ne me toucherait autant et ne me donnerait autant de bonheur que cette fille. C'était merveilleux, j'étais ravi, elle correspondait parfaitement, tout était super agréable, je n'ai plus jamais eu de petite amie aussi aimante et bonne que celle-ci. Je me suis donc retiré de la séduction avec beaucoup de bonheur.

Mais, peu à peu, ce bonheur s'est évanoui comme de la fumée dans le vent, et de vouloir être avec elle, ma passion s'est finalement transformée en être avec tout le monde sauf elle, à cause de la désillusion.

Cette fille est devenue très monotone et dépressive. J'ai commencé à réaliser qu'il y avait d'autres filles beaucoup plus intéressantes, et j'ai repris ma production de drague même lorsque j'étais avec elle.

Qu'apprenons-nous ici ?

- Plus nous ressentons d'amour, plus nous souffrons par la suite.
- Que tout change, que rien ne reste pareil, qu'en général les choses se dégradent en amour, sauf si l'on fait un gros effort, et encore.

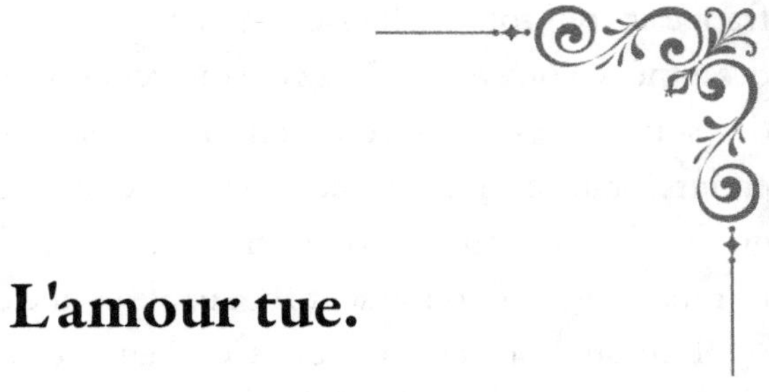

L'amour tue.

Sur le chemin du maître, on fait des erreurs, et ce n'est pas parce qu'on les a faites qu'on les corrige et qu'on fait toujours bien les choses. Non ! On fait toujours des erreurs même si on sait bien les choses, c'est pour cela que ce chemin est si difficile, parce qu'on bute plusieurs fois sur la même pierre.

Ce trébuchement est une chose naturelle, parce qu'une belle et gentille fille s'affaiblit vraiment, il est donc naturel de tomber. Ces filles peuvent arrêter votre production à plusieurs reprises, et elles le font. Aussi incroyable que cela puisse paraître, elles font aussi partie du chemin du maître.

On tombe plusieurs fois dans l'amour et on n'est jamais complètement immunisé.

Après ce bel amour, il y a la lassitude, puis le bonheur de retourner sur le marché même si vous étiez impliqué dans cet amour, et enfin la rupture, qui, bien que vous pensiez être déjà fort et indépendant, est plus difficile que vous ne le pensiez ; et souvent vous êtes très douloureux et triste alors que c'est exactement ce que vous vouliez qui est arrivé. Cela se produit parce que vous étiez plus doux que vous ne le pensiez.

Sur le chemin du maître, l'amour est quelque chose qui vous ralentit, vous affaiblit et vous fait perdre beaucoup de temps. Au bout du compte, il fait mal et laisse dans un état lamentable.

Mais si vous ne tombez jamais dedans, si vous ne connaissez ni les moments de grand bonheur, ni la vraie douleur, alors l'amour vous frappe et vous tombez blessé, mais après quelques mois, ou plus souvent des années, vous vous relevez et vous redevenez vous-même. Après bien des souffrances, vous vous retrouvez, mais cette fois beaucoup plus endurci, plus coriace et déterminé à ne plus tomber dans ses terribles griffes. Cela devrait toujours être le cas, mais il arrive aussi que l'on ait l'air mauvais, que l'on se sente coupable et que cela soit catastrophique.

L'amour est l'ennemi du séducteur et seuls l'amour et la mort peuvent arrêter la production. La mort l'arrête dans son élan, l'amour la ralentit mais ne l'arrête pas, et bientôt, comme de l'eau endiguée qui ne coule pas, le barrage déborde, ou se rompt complètement, et la rivière reprend son cours naturel.

Qu'apprenons-nous ici ?

- Nous apprenons que si l'amour est très beau et merveilleux quand on y est, à long terme, il finit par devenir un énorme problème et l'on passe de l'illusion à l'ennui. Il est difficile d'en sortir et de revenir à soi-même. On peut y tomber plusieurs fois, mais on se relève toujours et on continue sa production. Celui qui se bloque n'achève jamais le chemin du maître.

- Plus on est jeune, plus on est doux, parce que toutes les émissions sur le romantisme, l'amour, la famille, on les a dans la tête. C'est pourquoi je pense que de nombreuses personnes se suicident à un très jeune âge, 15, 18, 21 ans, lorsque l'amour semble être la seule chose importante dans la vie. Beaucoup de gens sont morts à cause de l'amour, surtout des hommes. L'amour peut vous tuer.

Le faux self.

Sur le chemin du maître, il y a des moments de grandes merveilles et de maîtrise, et des moments d'inutilité absolue, fruits, comme je le dis toujours, de la programmation mentale reçue. En fait, jusqu'à ce que tu parviennes à créer ta propre personnalité et à être le vrai toi, tu es alourdi par toute cette merde qu'on te met dans la tête, et pratiquement, du moins dans mon cas, jusqu'à ce que j'aie presque 30 ans, je n'avais pas la tête à la bonne place. Vous pensez que c'est vous qui pensez et ressentez, mais c'est un moi artificiel que la société a créé. Tant que vous ne vous débarrassez pas de ce faux moi, avec de faux sentiments et de faux goûts, vous n'êtes pas vraiment vous-même. En général, on n'y parvient pas avant d'avoir subi les dures conséquences des actes douloureux de ce moi initial.

De nombreuses personnes ne parviennent jamais à s'en débarrasser, d'autres s'en débarrassent dans la trentaine parce qu'elles ont beaucoup pratiqué, mais la plupart des gens ne sont pas eux-mêmes avant d'avoir 40 ou 50 ans.

En fin de compte, presque toujours après un échec cuisant, le vrai vous émerge et vous vous débarrassez de toutes les croyances néfastes que vous aviez.

Cette énorme faiblesse de ce moi artificiel me causerait d'énormes problèmes.

Dans mon cas, il s'est trouvé qu'heureusement, alors que vous étiez en train de perdre la tête à ce point, ce n'est pas la fille qui m'a remis à ma place, mais la vie elle-même. Tu t'es déjà tellement éloigné du chemin tracé par ton maître que le choc que tu reçois est si grand que tu te redresses enfin et que tu te remets sur le droit chemin pour la première fois de ta vie.

Vers 22 et 23 ans, je me suis débarrassé de ce faux moi et j'ai été ma création réussie, ce qui a été une merveille et ce que je vais raconter dans le chapitre suivant s'est produit.

Qu'apprenons-nous ici ?

- Si vous voulez réussir, vous devez construire un nouveau moi, plus puissant, car le moi par défaut s'accompagne d'une programmation incorrecte.
- Ce changement est positif, mais si l'ancien moi refait surface, il cause une énorme douleur.

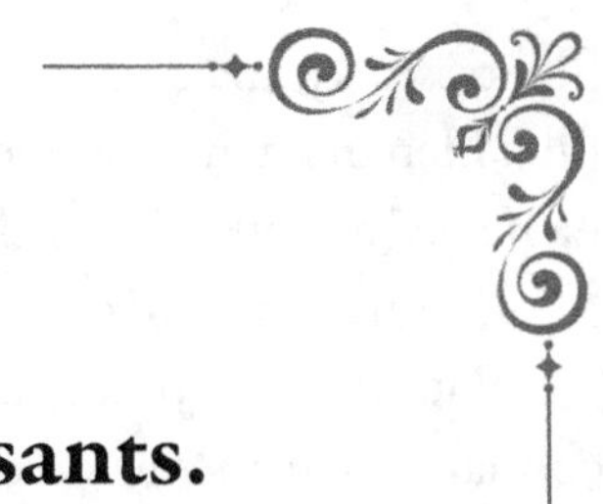

Partenaires stressants.

Pendant les vacances d'été, à partir de 88, mais surtout à partir de 92, lorsque l'organisation du flirt professionnel a été fondée parmi les flirts les plus intelligents, on a beaucoup appris et on a beaucoup flirté, mais c'était vraiment un apprentissage très dur et très stressant.

À cette époque, j'en avais assez des petites amies et j'étais libre de toute fidélité. Tous les dragueurs et les non dragueurs se retrouvaient là, dans la station estivale de Benicasim. Nous, les dragueurs, ceux de l'O.L.P. (Organisation des dragueurs professionnels), nous nous consacrions à la drague à toute heure, le matin, l'après-midi, le soir, nous sortions pratiquement tous les jours. Il n'y avait pas un moment où nous ne regardions pas une fille, ou ne pensions pas à flirter avec elle. Et c'est comme ça que les étés passaient.

Le malheur dans tout cela, c'est que, outre cette tension que vous aviez vous-même à cause de l'énorme envie de flirter, vos compagnons ne faisaient rien d'autre que vous stresser encore plus, parce que la concurrence était très grande et que tout ce qui tournait mal, ou toute interaction qui ne se passait pas bien, était ridiculisé et critiqué par tout le monde. Les succès que vous remportiez étaient également ridiculisés et critiqués par certains, si bien qu'ils donnaient des noms ridicules non seulement à ceux que je ramassais, mais aussi à ceux que n'importe qui d'autre ramassait.

"La morcilla", "la loca", "el monstruo", "Nenuco", "Elenana", ces noms étaient souvent donnés à des filles très sexy, comme "la morcilla", qui était appelée ainsi parce qu'elle était habillée en noir et qu'elle était une fille très sexy, mais très sexy. El monstruo, parce que c'était une grande fille, Elenana, parce qu'elle s'appelait Elena et qu'elle était un peu naine, ha ha, je l'ai inventé, des choses comme ça.

Il nous arrive même de draguer les mêmes filles.

Vous n'aviez pratiquement personne en qui vous pouviez avoir confiance, car même si vous aviez quelques partisans et alliés qui vous appréciaient en tant que chef, ils n'étaient pas très loyaux, car ils n'étaient pas toujours là pour sortir avec vous, changeant parfois de camp en fonction de l'homme le plus fort, et celui qui semblait être votre allié s'alliait plus tard à un rival.

Je dois également dire que 90 % des attaques provenaient d'une seule personne, le chef du groupe, Pedro. C'est lui qui a créé le groupe et qui a reçu les hommages de ceux qui étaient au plus bas niveau. Le matador et moi étions les challengers de cet homme et nous ridiculisions aussi ses nombreux succès, éphémères et inconsistants. Cela était dû à sa faible capacité à transformer ses flirts en filles qu'il emmenait au lit. Cet homme embrassait beaucoup, mais ne couchait pratiquement avec aucune d'entre elles.

Le matador et moi étions à la fois alliés et rivaux, et les trahisons et les grandes collaborations se succédaient. Les étés où il y avait collaboration, nous avons tous deux détrôné ce chef, et les étés où il n'y avait pas d'alliance, ils n'étaient pas si bons.

Nous étions en compétition pour savoir qui était le plus fort de nous trois, nous avions chacun nos partisans et nous étions rivaux les uns des autres.

L'été 92 a clairement été à mon compte et a été reconnu comme tel, de même que l'été 93, à égalité avec "el matador", les deux étant très équilibrés. En 94, je suis arrivé deuxième, associé à Pedro car "el matador" avait pris une copine et ne participait pas à la compétition. Avec Pedro, malgré tout, ça ne s'est pas trop mal passé et ça a été un bon été. En 95, j'ai été dernier parce que c'est moi qui ai eu une copine et je suis arrivé dans un très mauvais état, gros et à moitié amoureux. J'ai été le pire non seulement de nous trois, mais de nous tous dans un été terrible. En 96, ce fut un été de trahison de la part du matador qui m'a affronté et battu, j'étais troisième et bien en dessous, et en 97 j'étais de nouveau troisième mais plus proche de la deuxième place.

Nous avons donc tous fait des alliances, les avons rompues et, surtout, nous nous sommes battus pour savoir qui était le plus performant. Je n'ai pas été très performant dans ce stress, sauf les deux premières années où j'avais beaucoup d'alliés et de fidèles, et le reste, à cause de l'usure de cette guerre, je ne me sentais pas tout à fait à l'aise, et je n'ai pas pu donner le meilleur de moi-même.

Dès que j'ai commencé à séduire seule, et que j'ai cessé de fréquenter des gens aussi compétitifs et stressants, j'ai commencé à avoir beaucoup plus de succès. C'était plus tard, dans ma ville, Santiago, à partir de 97, là-bas à Benicasim on ne pouvait pas sortir seul, parce qu'il était très difficile de s'éloigner de tous ces méprisants, traîtres et rivaux, parce que tous les soirs tes supposés partisans, ou directement tes rivaux, venaient te chercher. Parfois, on arrivait à sortir avec quelqu'un de moins nocif et c'est là qu'on se liait d'amitié.

En général, au sein du groupe, il y avait des sous-groupes de deux ou trois personnes avec un meneur et un ou plusieurs suiveurs, vous trouviez un partenaire plus amical qui ne vous ennuyait pas et vous alliez avec lui. Les fois où vous n'aviez pas d'allié parmi vos suiveurs ou des gars plus proches de vous, vous deviez aller avec vos rivaux et c'était une nuit de merde où il n'y avait que de la tension.

C'est ainsi que nous avons participé au combat de coqs, en baisant les filles des uns et des autres et, bien sûr, en méprisant au plus haut point les succès de nos adversaires.

C'était la guerre, il y avait toujours beaucoup de concurrence et celui qui était votre allié un été devenait votre rival amer l'été suivant. C'est ce que faisait souvent "le matador" et, à cause de ses trahisons, nous n'avons pas été en mesure de battre le leader à plusieurs reprises.

Et si nous nous battions et nous méprisions les uns les autres, sans parler de ce que nous pensions de tous les autres. Nous nous moquions d'eux, nous les considérions comme des imbéciles et nous nous sentions tellement supérieurs, tellement au-dessus d'eux, que même s'ils venaient nous parler, nous essayions de rendre cette interaction aussi brève que possible, parce que nous ne les considérions même pas comme dignes de nous parler.

Tout cela s'est passé uniquement dans ma station d'été, dans ma ville de Lugo, sans cette compétitivité extrême, avec des amis beaucoup plus sympathiques, j'ai instauré un règne de terreur en 92 et 93, dont je me souviens encore comme étant très puissant plus de 30 ans plus tard.

Qu'apprenons-nous ici ?

- S'il est suffisamment difficile pour un jeune inexpérimenté de s'y retrouver, il n'est pas utile de fréquenter des personnages qui ne font que créer des tensions et vous blesser, et il est préférable de sortir avec des partenaires satisfaisants ou de se débrouiller tout seul.
- Il faut être vantard et arrogant, mais pas arrogant et méprisant.
- Les bonnes alliances fonctionnent bien et les mauvaises fonctionnent mal.
- On ne peut pas vraiment donner le meilleur de soi-même si l'on n'est pas dans un environnement agréable.
- Même dans un environnement hostile, l'immense dévouement permet d'aller de l'avant.

Cette station d'été a été un lieu d'apprentissage difficile, la chose la moins positive étant ces compagnons qui ont vraiment rendu l'interaction avec les filles moins agréable.

Dans un véritable enfer, où chaque nuit quelqu'un me draguait, et où il fallait ensuite supporter son mépris, je me suis endurcie.

Cela m'a aidé à me séparer des personnes nuisibles et à ne fréquenter que des personnes qui me validaient. Dès que j'ai éliminé ces personnages, j'ai commencé à m'entendre beaucoup mieux, à me sentir plus puissante et à m'amuser beaucoup plus.

Premier règne de la terreur. Des éclairs de puissance.

Ce que j'ai décrit dans le chapitre précédent ne s'est produit que dans la ville d'été en 1992, 1993, 1994, 1995, 1996 et 1997, mais ce que je vais décrire maintenant s'est produit pendant la plus grande partie de l'année.

Revenons à 1992, dans ma ville habituelle, Lugo, alors que j'étais avec ma première petite amie. Depuis quelque temps, je ne me sentais pas très bien, car je sentais qu'elle m'ennuyait terriblement, je ne la trouvais pas drôle, ni en phase avec ce qu'elle pensait, elle était devenue une fille fade, ennuyeuse, terne et même dépressive, et bien qu'elle soit une personne merveilleuse, elle m'ennuyait vraiment et je ne l'appréciais pas beaucoup dans ces derniers temps.

À cette époque, j'ai rencontré un groupe d'amis et j'ai passé de bons moments à boire du vin et à rire, ce qui m'a vraiment stimulé.

Il est également arrivé qu'un de mes amis me dise qu'il baisait des filles sans être un petit ami et sans être rien de ce qu'elles étaient. Cela m'a choqué et m'a mis en colère parce que je devais supporter la pudibonderie de ma petite amie, que j'avais du mal à convaincre de faire l'amour. Je me suis senti idiot et j'ai voulu rectifier le tir en les baisant toutes à partir de ce moment-là.

Un jour, comme ça, j'ai vraiment vu la lumière. J'écoutais de la musique et elle m'inspirait. J'ai compris un sens caché, mystique, derrière les paroles et j'ai su que c'était un signe. Je me suis sentie transportée, comme quelqu'un qui prend une pilule et voit enfin la réalité. Il m'a fallu 22 ans pour avoir cette révélation, mais cela allait me changer à jamais et ce fut comme un réveil. Soudain, je me suis sentie différente. Les paroles de la chanson m'ont inspirée et je me suis sentie beaucoup plus mauvaise, beaucoup plus effrontée, j'ai ressenti un immense pouvoir, j'ai su que ma phase formelle était terminée et que maintenant j'allais être mauvaise, flirter, être arrogante et vantarde et je me suis sentie putain de géniale.

Après avoir ressenti ce putain de pouvoir pour la première fois, j'ai modifié mon comportement pour qu'il corresponde exactement à ce que je ressentais, et me souciant peu des conséquences de mes méfaits, je me suis mis à draguer toutes les filles sexy que je voyais dans ma propre ville.

J'ai récupéré deux très jolies filles avec beaucoup de facilité et l'une d'entre elles a beaucoup persévéré.

Revenons à la station d'été où la concurrence était si forte. Nous sommes en 1992 et l'O.L.P. vient d'être créé.

Je suis allé sur mon lieu d'été déterminé à réussir, là j'ai essayé et essayé et essayé et rien n'est sorti, malgré le fait que je me sentais si attirant et avec tant de désirs, je n'ai pas flirté. Finalement il y a eu un jour où j'ai été démoralisé et j'ai pensé que je ne flirterais plus, que c'était impossible, parce que j'avais été 20 jours à entrer dans les filles sans arrêt, à la plage, dans la rue, la nuit, c'était un dévouement épuisant et infructueux. J'ai dû essuyer plus de dix échecs consécutifs avec des filles que je n'arrivais pas à draguer. Des filles auxquelles je consacrais tous mes efforts pour ne rien obtenir. Je me suis tellement dévoué ces jours-là que j'étais épuisé, et coulé par l'échec, je me disais que je laissais tomber, que j'avais échoué, que je me résignais à être un raté et que je reviendrais pour être formel avec la copine.

Une semaine après ce triste moment, les filles avec lesquelles j'étais entrée ont littéralement commencé à venir à moi. L'une d'entre elles est venue me chercher et m'a demandé de la rencontrer, ainsi que son amie et un tas d'autres filles. Soudain, je baisais ces deux amies en secret presque tous les jours, et j'ai établi un record de rencontres qui n'a plus jamais été battu. C'est le matador qui m'a généreusement présenté à ces filles, et c'est grâce à lui que j'ai enfin commencé, et j'ai passé un été légendaire, baisant et flirtant avec les filles les plus chaudes et les plus dévouées, les baisant littéralement dans le cul et faisant tout ce qui est imaginable dès le début, avec toute la puissance de la baise.

Je pense qu'en fin de compte, j'aurais été le même sans cette aide, car le dévouement m'a permis de me rapprocher de plus en plus de la réussite.

Ici, avec tant de stress et de concurrence, je ne pouvais pas imposer ma beauté à ma guise, car ils étaient aussi de très beaux hommes, et avec cet avantage en moins, j'étais affaiblie, car je n'avais pas encore d'autres armes aussi puissantes que celle-ci.

Je suis ensuite retourné dans ma ville de résidence habituelle, Lugo, où j'ai grandi, et là, sans concurrence, j'ai fait régner la terreur. Tous les soirs, je sortais et ramassais mes pièces, qui étaient de la plus haute qualité.

Un soir, avec une puissance et un punch brutal, j'ai accroché avec plusieurs d'entre elles le même soir. J'ai pris celles qui me plaisaient et toutes leurs amies aussi, et leurs sœurs, aucune fille ne m'a laissé indifférent. Soudain, la puissance que j'avais retenue pendant des années avec une petite amie s'est brutalement déchaînée, et là, j'ai vraiment atteint le niveau maximum. Je n'avais pas de rival, pas de peur, pas de remords. Je n'avais pas toutes les connaissances, mais j'avais le pouvoir, et c'était un putain de massacre.

Ce règne de la terreur a duré la majeure partie de l'année 1992 et toute l'année 1993.

J'étais brillant et je me sentais comme un grand champion, j'ai fait un nombre record de ligues en 93 qui a pris dix ans à battre, j'étais totalement dans le marché et avec une bonne tête, quelque chose qui plus tard ne continuerait pas comme ça.

En 1993, j'ai rencontré une amie de ma petite amie, je l'ai rencontrée et ce jour-là, je me suis sentie mal et libidineuse et j'ai pensé -ces nichons sont à moi- et après un certain temps, pas après des mois comme avec ma petite amie, après un certain temps, je les suçais et les pétrissais. J'ai fait de grandes choses, mais de grandes maîtrises. La plus grande a été de baiser la petite amie d'un type que j'admirais pour sa beauté et son flirt, un type que je considérais comme le seul supérieur à moi. En outre, cette fille est restée avec moi pendant de nombreux mois et, en baisant la petite amie du type que je considérais comme supérieur, je ne voyais plus personne de supérieur. Ce type était un agent de sécurité et avait un pistolet, mais cela ne me dérangeait pas de risquer ma vie pour baiser cette belle fille au gros cul. J'étais conscient que c'était un gros salaud et de loin le meilleur de ma putain de ville.

Il était si vantard et si arrogant qu'il n'avait peur de rien.

Un jour, j'ai rencontré mon ex-professeur, dont j'avais baisé la petite amie et qui s'est retrouvé sans elle à cause de moi. Je l'ai vu et je me suis dit que c'était bon.

Il est venu me parler de manière très amicale, il m'a dit qu'il ne sortait plus avec la fille avec laquelle il était et qu'il avait découvert qu'elle le trompait. Je lui ai dit : "Mais tu sais qui c'est ? et il m'a répondu que non.

Nous sommes allés boire quelques bières et nous avons parlé de filles de manière amicale. Je lui ai dit que j'avais baisé avec l'une d'entre elles et je lui ai parlé de mes baises avec sa copine, il a ri et s'est bien amusé avec moi. Il m'a invité à boire des bières et tout le reste. C'est un type génial !

Est-ce que c'est ou n'est-ce pas magistral ? J'ai fait cela quand j'avais 23 ans. C'était Jauja par rapport à mon lieu d'été.

J'affirme que n'importe quel habitant de n'importe quelle ville d'Espagne, quel que soit son degré de séduction dans sa ville, s'il était sorti avec l'OLP, il aurait été, non pas vaincu, mais humilié par n'importe lequel d'entre nous.

Ici, à Lugo, sans rival, imposant ma petite dictature, j'avais les filles de la ville qui se rendaient à mes pieds.

Je suis sorti avec une autre, heureux comme une nouvelle petite amie, dans tout le centre-ville, sans me soucier de savoir si quelqu'un me voyait. J'ai rencontré une autre fille superbe, avec laquelle j'ai baisé pendant des heures et des heures tous les soirs. À cette époque, j'ai atteint le niveau maximum en termes de résultats pendant quelques années, et j'avais aussi une très bonne tête, mais il y avait encore des faiblesses cachées qui sont remontées à la surface plus tard. Mais on peut dire qu'en termes de puissance, j'ai atteint mon apogée à l'âge de 22 et 23 ans.

Toujours dans ma ville, j'ai rencontré une des filles du gang avec lequel je traînais, ce qui m'a donné une forte impulsion, parce que c'était une fille que j'aimais beaucoup dans le temps, et pour moi, c'était quelque chose de très important. Ici, j'ai appliqué le putain de pouvoir et j'ai tordu la réalité, parce que je n'avais pas vraiment de chance, mais avec la maîtrise des angles et des distances que je commençais à développer, et surtout en sentant le putain de pouvoir, je l'ai accrochée et elle a succombé à sa propre surprise. Son copain, qui était aussi à moitié délinquant, l'a appris. J'avais les couilles, je suis sorti vainqueur et il ne m'est rien arrivé.

Qu'apprenons-nous ici ?

- Pour ressentir ce putain de pouvoir. Pour ce faire, nous accordons une attention toute particulière à quelque chose, en particulier aux chansons qui donnent du pouvoir et dont nous n'avons pas réalisé avant ce qu'elles disaient vraiment.
- Qu'il est possible de réussir même si les connaissances sont encore rudimentaires.
- Ce dévouement est payant.
- Le fait d'être énervé parce que ce que vous pensez mériter ne se matérialise pas vous pousse à vous surpasser.
- Le triomphe vient toujours même si l'on s'arrête si l'on a bien

fait les choses avant.

- Qu'il est possible de devenir enseignant très tôt.
- Que vous pouvez cacher votre ancien moi et en créer un bien meilleur.
- Il faut croire en soi et avoir la foi.
- Il faut faire preuve d'audace.
- Qu'il faut être indifférent aux risques.
- Qu'il faut faire preuve de courage face au danger.
- Il faut pouvoir le montrer et s'en vanter.
- Si vous pensez être le meilleur, vous deviendrez le meilleur.

Faiblesse.

Après avoir beaucoup joué à la crapule, après avoir atteint le putain de sommet, j'étais presque sûr que ce serait toujours comme ça. Il avait déjà rompu avec sa petite amie pour ne pas la blesser davantage et tout se passait à merveille.

Mais un jour je l'ai vue et je me suis souvenu des sensations du début avec elle, cela m'a tourmenté et m'a fait m'effondrer complètement, je me suis senti terriblement mal, je me suis senti désolé de perdre ce bel amour que nous avions et j'ai voulu ressentir à nouveau ce que je ressentais au début avec elle.

Après avoir beaucoup insisté, elle est revenue brièvement vers moi, mais sans me convaincre, et finalement, elle m'a quitté. J'étais totalement abattu, triste et désolé de mes méfaits, je me sentais très mal, j'avais honte de ce que j'avais fait et je souhaitais revenir sur le chemin du bon garçon.

Lorsqu'une relation se brise, il y a deux façons de s'en sortir :

J'avais hâte de rencontrer des filles, de passer du bon temps et de ne plus vouloir m'engager dans une relation de ce type. C'est donc une très bonne rupture.

L'inverse peut également se produire : vous pensez que c'est votre faute, que vous êtes désolé, que vous avez tout gâché et que, dès que vous sortez de cette relation, vous voulez en chercher une autre pour vous racheter, pour être bon, pour revenir à cet amour idyllique. C'est la pire issue possible, celle qui entraîne une souffrance terrible, et c'est ce qui m'est arrivé. Après ce premier amour, je me suis retrouvée avec des remords et plus molle que jamais, je ne cherchais plus l'amour, je me sentais mal et coupable, dans cet état j'étais la victime parfaite pour n'importe quelle mauvaise femme qui me baiserait vivante.

C'est incroyable qu'après les merveilles que j'ai faites, je sois devenu aussi faible, parce que je n'avais pas encore détruit mon ancien moi, je l'avais seulement enfermé dans ma tête et remplacé par le nouveau, mais il était encore là pour foutre ma vie en l'air et avec cette nouvelle rencontre, l'ancien moi est ressorti.

Je pense que j'étais trop jeune et que j'étais ce nouveau moi trop récemment construit, donc dès que je me suis exposé à la source de ma faiblesse, la petite amie, ma création s'est brisée.

Qu'apprenons-nous ici ?

- Qu'il ne faut jamais se sentir coupable à la fin d'une relation, car cette faiblesse vous amènera à vous comporter trop gentiment dans la relation suivante et vous serez maltraité.
- On ne connaît pas la force du nouveau moi tant qu'on ne l'a pas exposé à ce qui l'affaiblit.

Deuxième petite amie.
Faire le deuil de l'amour
comme un imbécile.

Après cette première petite amie, je n'étais plus très heureux, j'avais vraiment souffert pour la première fois de ma vie, ce qui m'a mis en colère et m'a frustré. Cette frustration grandissait, mais aussi le désir de trouver une autre gentille fille.

Ce qui m'est arrivé est horrible, mais à long terme, c'est la meilleure chose qui me soit arrivée, parce qu'après avoir beaucoup souffert, je suis finalement devenu fort grâce à cela. J'ai rencontré une autre fille qui était très gentille et que j'aimais bien, et j'ai eu la malchance de réussir à sortir avec elle.

Moi qui étais déjà un bâtard et un maître, j'ai voulu me retenir et être bon. J'étais triste d'avoir perdu ma première petite amie et je me suis promis d'être bon avec la seconde.

Cette fille était très différente de la première et cela m'a enthousiasmé, elle était super folle, amusante, fêtarde et extravertie, et j'aimais cela en principe. Elle était aussi très sexy et, contrairement à la première, très charismatique, bavarde et drôle. Tout doux que j'étais, j'ai succombé complètement à son énorme charme et je me suis jeté dans la relation.

Le problème, c'est que cette fille n'était ni douce, ni affectueuse, ni aussi bonne que l'autre, la seule chose qui l'intéressait était de sortir faire la fête, bien plus que d'être avec moi. Au début, je l'accompagnais dans ses innombrables soirées, mais je ne me sentais pas bien, elle ne faisait pas assez attention à moi, je me sentais dévalorisé, triste, sans contrepartie, et parfois j'avais même l'impression qu'elle avait trop de moi dans sa vie.

Je me suis retenue de lutter contre les nombreuses rebuffades qu'il m'a faites, j'ai continué à errer en supportant ses bêtises, en étant dans le besoin et dépendante.

Mais il y avait de plus en plus de disputes et de conflits, et un jour, il en a eu assez de moi et m'a quittée.

Après avoir été un abruti pendant un an, avoir souffert comme jamais auparavant dans ma vie, avoir essayé de ressentir de l'amour et n'avoir ressenti que de la tristesse, de la solitude et de la déception, elle m'a remercié pour cette gentillesse en m'appréciant peu pendant la relation, et finalement en m'abandonnant.

J'étais tellement mauvais que je me suis complètement transformé en un méchant méchant dont le but était de se venger d'elle.

Cette fille n'était pas mauvaise du tout, je ne pense même pas qu'elle était mauvaise, elle était juste froide et ce n'était pas de sa faute si elle était comme ça, au fond, au fond, elle était plutôt bonne, mais elle vous mettait vraiment en colère.

Qu'apprenons-nous ici ?

- Ne vous engagez pas dans une relation dans un état mélancolique ou en voulant rattraper quelque chose du passé.
- Que votre nouvelle petite amie ne va pas vous consoler de ce que vous avez fait dans le passé.
- Dans toute relation, il faut commencer par être joyeux et insouciant.
- Que sur le chemin du maître, on peut s'égarer pendant des années, dominé par de vieilles croyances qui nous affaiblissent.
- Pour être froid et dur, il faut d'abord être chaud et doux.
- Que dans la souffrance se forge la détermination de ne plus souffrir

- Que personne, pas même votre petite amie, ne vous comprendra ou ne vous aidera dans ce qui est important pour vous.
- Que tu ne fais confiance à personne, surtout pas à ta propre petite amie.

Deuxième petite amie.
Ma transformation en
psychopathe.

Lorsqu'elle m'a quitté après avoir tout supporté, j'ai non seulement retrouvé mon travail, mon côté salaud et dragueur, mais j'ai encore aggravé la situation. Peu de temps après l'avoir quitté, elle est revenue vers moi parce que, malgré tout, elle devait aimer quelque chose, ou bien elle avait une bonté cachée et avait des remords pour ce qu'elle m'avait fait.

Mais le moi que j'avais connu n'existait plus, j'étais devenu le moi bâtard, et maintenant je lui ferais payer tout son mépris. Ce serait la version la plus bâtarde de toute ma vie.

Il ne se passait pas un jour sans que je pense qu'il était une mauvaise personne qui méritait toute ma haine et ma méchanceté.

Je l'ai punie sévèrement et l'ai trompée avec des dizaines et des dizaines d'autres pendant des années, alors que je reprenais ma carrière à 26 ans, mais cette fois en véritable psychopathe, car non seulement je ne regrettais rien, mais je jouissais de ma méchanceté et j'éprouvais une excitation sadique à la faire souffrir. Je me suis déchaîné avec elle.

J'étais à moitié fou de la mépriser, de l'humilier et de la faire souffrir, et j'y suis complètement parvenu. Elle s'est infiniment mieux comportée avec moi, mais je n'ai pas relâché ma punition d'un iota, et elle l'a subie pendant quatre longues années.

Ce que j'ai fait n'était pas juste, car je lui ai fait trop de mal, mais c'est ce que je ressentais à l'époque. Ici, je ne me suis pas beaucoup soucié de ceux que j'ai eus, mais la vengeance que j'ai prise est ce que j'ai le plus aimé.

D'ailleurs, j'ai beaucoup baisé et batifolé.

Cette période, bien que j'aie beaucoup flirté, était une période sombre, où l'excès de méchanceté n'était que cela, un excès. Finalement, les quelques fois où je l'ai vue, elle s'est bien comportée avec moi, mais même avec cela, je n'ai pas lâché prise. J'étais furieux.

Souvent, elle n'a pas eu de mes nouvelles pendant plusieurs jours, je lui ai raccroché au nez, ou je n'ai pas décroché le téléphone, ou je l'ai baisée et je suis parti baiser quelqu'un d'autre. Je l'ai quittée plusieurs fois, j'ai eu d'autres copines, je suis même sorti avec plusieurs copines en même temps qu'elle. J'ai dit non à tout et elle a fini par dire oui à tout, et à souffrir de mon incroyable dureté.

Finalement, un soir, alors que ma copine m'avait appelé pour sortir et que j'avais refusé, j'ai reçu un appel d'une grosse blonde qui m'avait dragué et je suis sorti avec elle. Dans une rue, je suis tombé sur la copine pendant que j'attrapais cette fille, qui était d'ailleurs bien plus belle qu'elle. Elle m'a vu, a crié et s'est enfuie.

C'est ainsi que cette mariée est partie et a été libérée de mon sadisme.

Je l'ai appelée, mais elle n'a jamais répondu à mon appel, et après m'être sentie mal pendant quelques jours d'avoir été si, si, si mal, j'ai rapidement pensé : "C'est mieux, elle va mieux, laissez-la partir !

Après tant de haine, un jour je l'ai rencontrée et je lui ai demandé pardon pour tout le mal que j'avais causé et elle m'a pardonné, alors j'ai calmé ma mauvaise conscience et je me suis senti mieux. Ce jour-là, elle a failli revenir vers moi. Elle était sur le point de coucher avec moi alors qu'elle avait déjà un autre petit ami, mais heureusement il y avait très peu de temps et quand je lui ai dit de coucher avec moi, elle a dit qu'il n'y avait pas assez de temps et c'était vrai. Elle en avait envie. Par chance, j'ai évité de retomber dans ce piège, ce qui n'était bon ni pour elle ni pour moi.

Quitter une petite amie est une bonne chose, perdre une petite amie que vous aimiez tendrement est la meilleure chose qui soit dans votre vie. Cela fait très mal, mais cela vous libère de vos faiblesses et vous replace sur le marché où vous auriez toujours dû être.

Après cette terrible expérience, j'ai apaisé le psychopathe que j'avais créé et j'ai atteint l'âge, l'expérience, le mal et la sagesse parfaits pour instaurer un nouveau grand règne de terreur à Santiago. Ce règne était bien plus puissant, cruel et impitoyable que le précédent.

Qu'apprenons-nous ici ?

- Il ne sert à rien de vouloir redevenir bon quand on s'est déjà programmé pour être mauvais.
- Qu'il ne vaut pas la peine de supporter les choses que vous n'aimez pas chez une fille.
- Cette vengeance ne vaut pas la peine d'être poursuivie.
- Que cela ne vaut pas la peine, ni de subir les rebuffades, ni de torturer.
- Qu'il vaut mieux suivre son propre chemin et laisser les filles qui font des bêtises. Parce qu'en étant bon, on n'obtient rien de bon d'elles et qu'en étant mauvais, on leur fait un mal excessif qu'elles ne méritent plus.

Aujourd'hui, je souhaite le meilleur à cette pauvre fille qui a subi mes plus grandes folies, des folies qui sont nées de mauvais sentiments, de la faiblesse, du désir de vengeance. Des folies qui se retournent ensuite contre vous et vous font vous sentir excessivement mal.

Le plus difficile est de se faire respecter et de ne pas tolérer leurs abus. Si vous n'y parvenez pas, quittez-les sans cérémonie et ne cédez jamais à leurs supplications.

La meilleure dureté n'est pas de punir ou de se venger, la meilleure dureté est de les quitter et de ne plus se soucier d'eux, parce qu'ils ont échoué, ils ne méritent aucune chance parce qu'ils ne se sont pas bien comportés avec vous.

Dans ce cas, j'étais trop content, apprenez-en et ne soyez pas un monstre comme je l'ai été. Libérez-vous et allez de l'avant.

Deuxième règne de la terreur. Balayage.

Maintenant, j'ai vraiment libéré toute cette putain de puissance, j'ai vidé ma tête de tout ressentiment et de toute souffrance et je me suis comporté de manière beaucoup plus positive, joyeuse et heureuse. Perdre ma petite amie a été merveilleux et j'en ai profité beaucoup plus qu'avant. En 2000, j'avais 30 ans et j'ai commencé à flirter et à baiser beaucoup plus souvent. De plus, j'exerçais une domination très puissante, j'étais convoité et apprécié par les femmes de ma ville.

C'est à cette époque que j'ai rencontré un homme qui était un merveilleux séducteur, "le Français", et mon alliance avec lui a donné des résultats spectaculaires, d'un niveau bien supérieur à mes précédentes alliances dans mon lieu de villégiature.

Avec cet homme, ce n'est pas un, ni deux, mais trois niveaux qui ont été franchis, et des choses vraiment incroyables ont été faites, qu'il faudrait un livre de mille pages pour les raconter toutes.

Le Français et moi étions les maîtres de la ville, et nous avons enregistré des étés record de 1999 à 2005. Il y avait tellement de pouvoir que nous étions complètement fous. J'avais l'habitude de dire "j'adore ce jeu" en référence à la façon dont j'aimais flirter. Nous nous appelions les putains de maîtres.

Ces années-là ont été marquées par une frénésie sexuelle folle que je raconterai plus tard. Il y aurait tant à dire, si je commençais à raconter les aventures les plus marquantes, je remplirais des pages et des pages et ce n'est pas ce que je veux faire. D'ailleurs, c'est à cela que sert mon travail secret.

La leçon de tout cela est que, lorsque vous laissez derrière vous la douceur et aussi les duretés extrêmes qui ne vous apportent rien non plus, et que vous sortez simplement pour vous amuser, libéré des relations insatisfaisantes, c'est alors que vous donnez votre maximum, que vous êtes vous-même et que vous vous amusez plus que jamais.

Maintenant, j'aimais ma vie et j'ai développé une personnalité semblable à celle de la première étape de la grande puissance dans mon ancienne ville de résidence, Lugo, sans ressentiment et sans connerie, je me consacrais simplement à m'amuser.

Il y a trois villes : Lugo où j'ai vécu jusqu'en 1993, Santiago de 93 à aujourd'hui et Benicasim, mon lieu de villégiature, où je suis allé de 80 à 97.

C'était une grande époque, je parle des années 2000 et suivantes à Santiago, où bien que je me sois engagé dans de petites relations, j'en suis rapidement sorti, parce que je ne croyais plus en l'amour. J'étais simplement avec des filles qui me plaisaient un peu plus et je passais plus de temps avec elles, mais je savais que tôt ou tard elles allaient me poser des problèmes et me quitter, ou que j'allais les sacrifier.

Il y a toujours un petit faux pas car on n'est pas à l'abri de ses charmes, mais les dégâts qu'il a subis sont minimes. Il vivait par et pour le marché, froid et dur à l'intérieur et sans vergogne et charmant à l'extérieur.

À la suite de tout cela, une petite amie s'est matérialisée, que j'ai eue pendant un certain temps. Cette petite amie, bien qu'elle soit physiquement l'une des meilleures, je ne l'estimais pas beaucoup et je ne me souciais pas trop d'elle. Donc, comme j'avais la tête à 100%, elle n'a pas posé de problème et a fait des performances sexuelles extraordinaires, au point de pouvoir dire qu'il s'agissait déjà d'une relation totalement pornographique, car elle était très dévouée et, ou était, ou semblait être nymphomane, et quelle performance elle a faite !

Qu'apprenons-nous ici ?

- Que lorsque nous laissons tomber les rancunes et les relations insatisfaisantes, nous développons notre pleine puissance et séduisons avec bonheur et joie.
- Grâce à toute cette puissance, des filles extraordinaires apparaissent, qui se donnent à vous corps et âme (surtout corps), et vous atteignez des niveaux de vice sexuel très élevés, que je décrirai dans le chapitre suivant.

Jouir d'une nymphomanie.

Que restait-il du bon gars initial ? Eh bien, plus rien. Cette personnalité originelle était laissée pour des moments occasionnels avec des filles exceptionnellement bonnes. Maintenant, je savais mesurer, je savais quand récompenser et quand punir sans trop en faire, et je trouvais l'équilibre entre le bien et le mal.

Dans la voie du maître, tout n'est pas souffrance, il y a une grande jouissance, et maintenant, à cet instant, j'allais devenir un maître sexuel en baisant la femme la plus folle et la plus chaude que j'aie jamais rencontrée, une femme qui n'avait vraiment aucune limite.

Dans un souci de concision, je rappellerai les faits les plus importants et les plus brûlants.

J'ai donné à cette petite amie, qui a duré environ huit mois, le surnom de "Chochita" en raison de sa jolie chatte rose.

Le premier jour, j'ai déjà couché avec elle chez elle, j'ai baisé pendant que son père tapait à la porte parce qu'il savait qu'elle était là avec quelqu'un, et pendant que son père tapait, j'ai baisé sa fille joyeusement sans plus me soucier de rien. J'étais complètement désinhibé.

J'ai très souvent profité de leur villa de luxe avec piscine, j'ai apprécié leurs repas et les excursions que nous avons faites.

Une fois, alors que ses parents partaient en voiture, ils sortaient du garage et elle s'est penchée par la fenêtre pour les voir partir. J'ai baissé son bikini et pendant qu'elle était là pour les voir partir, j'ai mis ma bite en elle et j'ai commencé à la baiser pendant qu'elle parlait à ses parents. Ils ne pouvaient pas me voir parce que j'étais plus loin, alors qu'elle mettait son cul en arrière, et c'est ainsi qu'elle m'a dit au revoir.

Chaque fois que je la voyais, je la baisais en moins de dix minutes, souvent à sa demande. J'ai toujours baisé une, deux ou trois fois, généralement deux fois, mais quand j'étais avec elle toute la journée, trois fois, et je la voyais pratiquement tous les jours. J'ai baisé plus avec elle en huit mois qu'avec d'autres personnes depuis des années.

Je ne savais même plus quoi lui faire, je l'avais baisée dans le cul, j'avais joui sur son visage et elle était partie se promener avec le sperme dans la rue. J'avais enfoncé mon gros orteil dans sa chatte, je l'avais branlée, sucée, enculée, je l'avais baisée dans la voiture de son père. J'ai joui sur son visage avec mes lunettes de soleil et j'ai pris un bain de soleil comme ça. Une nuit, je l'ai baisée six fois. Complète. Elle n'a jamais dit non à aucune proposition.

Le point culminant de tout cela a été que j'ai établi comme règle que chaque fois que je montais dans la voiture, elle devait me sucer jusqu'à ce que je jouisse, et c'est ainsi que nous avons procédé pendant les huit mois qu'a duré notre relation. J'étais très heureux de voyager en me faisant sucer par cette belle blonde aux yeux verts.

Et même si j'ai fait toutes ces choses, je n'ai pas ressenti de connexion amoureuse avec elle, et finalement j'en ai eu marre de toute cette baise et je l'ai quittée.

Elle pensait être la fille la plus belle et la plus attirante de la ville, mais elle a fini par se faire larguer et, en plus, elle était blessée de m'avoir perdu. Je l'ai quittée pour quelqu'un d'encore plus beau, moins fou, plus doux et plus attirant.

Qu'apprenons-nous ici ?

- Le fait de savoir tout ce qu'il y a à savoir sur le sexe grâce à toutes les pratiques que vous faites vous rend plus puissant et vous donne plus de confiance.
- À force de jouir, on finit par développer une dépendance

sexuelle, ce qui motive encore plus les gens à poursuivre leur addiction.

Des histoires d'amour insignifiantes.

Je pense qu'à l'âge de 31 ans, j'ai atteint un sommet de puissance qui, depuis lors et jusqu'à l'âge de 43 ans, a été très puissant.

J'ai largué ma petite amie nymphomane et j'en ai pris une plus jolie qui me plaisait beaucoup plus. Pendant un certain temps, je me suis senti à nouveau affaibli et je suis tombé dans les griffes de l'amour, mais cela n'a duré qu'un mois et demi ou deux. J'ai vite vu ses nombreux défauts, ses bêtises, ses conneries et j'ai commencé à penser qu'elle était une enfant, comme elle l'était en réalité. Et après avoir profité de cette belle fille, j'ai été libéré. J'ai eu un peu de mal à la fin, mais rien que je ne puisse surmonter en deux ou trois jours.

Puis j'en ai rencontré une autre qui m'a invitée dans une ville lointaine en Espagne et a payé mon billet d'avion. Et c'est ainsi que j'ai vécu, en sortant avec des petites amies de courte durée qui m'invitaient et m'emmenaient partout. J'en avais aussi d'autres qui me baisaient sur le côté, qui allaient dans des piscines privées, qui venaient me chercher en BMW, et c'était comme si j'étais le prix et qu'ils rivalisaient pour être avec moi. J'ai aussi eu une baiseuse très plantureuse qui faisait des pipes extraordinaires et je lui ai donné ce rôle.

De toute façon, je ne veux pas être ici à raconter toutes mes histoires, il y aurait tellement plus de choses à raconter, je vais juste vous dire ce que je pense peut vous aider à devenir un maître, donc au lieu de me vanter et d'entrer dans les détails, je vais vous dire l'enseignement de ce chapitre.

Nous apprenons ici que

- Même si vous sortez avec quelqu'un et que vous pensez vraiment être formel, vous ne pouvez pas être formel même si vous le voulez, parce que vous êtes déjà tellement dans le vice de baiser avec tout le monde qu'il est impossible d'être fidèle à l'un d'entre eux.
- On apprend aussi qu'après tant de pratique, on devient dur, on se fout de savoir s'ils perdent leurs petites amies, s'ils se mettent en colère, ou autre. Il arrive un moment où l'on ne souffre presque plus, on les voit comme des idiots et des capricieux et on n'a plus envie de leur faire plaisir.

Ainsi, en les appréciant à leur juste valeur, en les tirant très bas, et parfois en les notant au-dessus de zéro, en sachant que c'est pratiquement la même chose de les perdre parce qu'il y en a beaucoup plus, et même mieux, et que vous les obtenez facilement et rapidement, vous arrivez au sommet. Vous commencez à baiser des filles dès le premier jour et vous atteignez presque le niveau maximum.

Je vous en dirai un peu plus sur ce qu'il reste, mais c'est à peu près tout ce dont vous avez besoin.

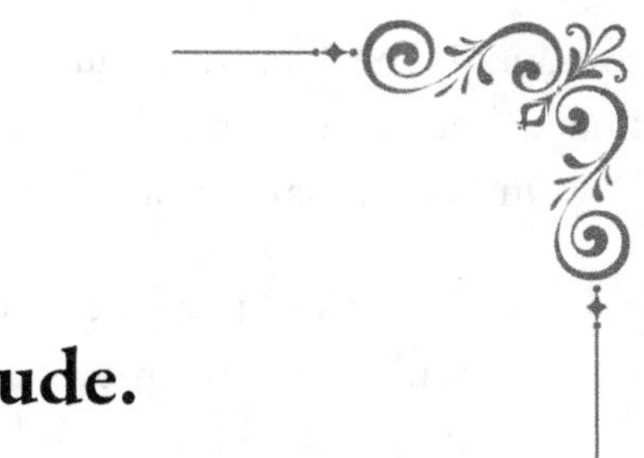

La solitude.

Il y a un moment dans le parcours du maître où vous ne les supportez plus, vous n'êtes plus disposé à vivre une relation ou à supporter leurs bêtises, leurs caprices et leurs conneries. À ce moment-là, vous préférez votre solitude et c'est là que vous avez le meilleur temps et que vous êtes le meilleur.

Lorsque vous êtes seul, vous ne manquez jamais de femmes, car vous avez tout le temps de flirter sans vous engager dans une relation. Vous flirtez et vous faites comprendre que vous ne voulez rien de sérieux avec elles. C'est ce qui les rend les plus loyales envers vous, et elles veulent toutes sortir avec vous et se plier à vos exigences. Elles essaient de vous faire baiser comme des lionnes, mais elles n'y parviennent pas, et l'une après l'autre, elles sont conquises, on leur prête peu d'attention, et finalement, soit elles partent d'elles-mêmes, soit vous les abandonnez, parce que vous ne voulez rien supporter du tout.

Il y a donc une production de masse, une production industrielle, qui vous différencie de tous ceux qui perdent leur temps dans des relations absurdes, qui ne leur apportent que douleur et insatisfaction.

Lorsque le matador est venu ici à mon apogée, il a pris une telle raclée qu'il a même été gêné et a dit qu'il n'avait jamais vu une telle puissance et une telle maîtrise dans sa vie que celle que j'avais à Santiago.

Dans votre solitude, vous n'aurez pas beaucoup d'amis non plus, parce qu'ils seront envieux, ou ils ne vous suivront pas, ou ils ne vous comprendront pas, et vous n'aurez pas le temps parce que vous irez toujours d'une femme à l'autre. Alors profitez de cette solitude, qui finalement n'en est pas une, car vous êtes plus accompagné que jamais.

Qu'apprenons-nous ici ?

- Lorsque vous aurez acquis la conviction que vous êtes mieux seul qu'avec n'importe quelle petite amie, vous aurez atteint un point très élevé sur le chemin du maître et cela sera super récompensé par le marché.
- Rien n'attire plus une femme qu'un homme qu'elle ne peut retenir.
- Il est difficile d'atteindre cet état de solitude et de baise, parce que vous avez déjà souffert dans des relations auparavant, et la lassitude et la fatigue vous rendent plus froid et plus dur que jamais, et en même temps plus irrésistible.
- Lorsque vous arrivez au sommet, tout le monde vous rend hommage et si ce n'est pas le cas, vous vous en moquez.

Être invité.

Indépendant, cool, insouciant et séduisant, vous attirez beaucoup de filles qui font des offres pour vos services. Certaines offrent facilement du sexe, d'autres offrent aussi du sexe mais pensent que ce n'est pas suffisant et offrent aussi de l'argent. Ces filles riches essaieront de vous acheter en vous invitant à tout, en vous emmenant en voyage et en payant tout elles-mêmes, en étant très amicales et toujours disponibles pour vous sans aucune protestation.

Si vous atteignez des niveaux très élevés, non seulement vous profiterez d'eux, mais vous arriverez à un point où vous les mépriserez, où vous leur direz qu'ils n'achèteront pas chez vous et que leurs invitations n'en valent pas la peine.

Vous les laisserez à l'abandon, vous leur donnerez du fil à retordre, et ils resteront là à vous regarder, certains pour le reste de leur vie ou au moins pour plus de 20 ans, jusqu'à ce qu'un jour ils en aient assez d'attendre qu'on leur rende la pareille et qu'ils partent avec un imbécile, qu'ils vous laissent enfin tranquille et que vous puissiez vous libérer d'eux et de leur harcèlement.

Ces filles sont obsédées par vous et elles sont heureuses que vous ramassiez toutes leurs amies, que vous ayez des petites amies, que vous les ignoriez, et elles sont toujours là pour vous.

Qu'est-ce que cela nous apprend ?

- Lorsque vous devenez froid, dur et indépendant, certains d'entre eux deviennent fous et tombent amoureux sans condition. Cet état peut durer de nombreuses années, et plus que des amants occasionnels, parce que vous ne les voulez même pas pour cela, ils semblent être vos admirateurs. Si vous ne les estimez pas du tout, comme c'est généralement le cas, elles vous admireront et ne vous quitteront pas, même si vous baisez leurs amies, quoi que vous leur fassiez. Ici, vous aurez atteint des niveaux de maîtrise monstrueux.

Dictature.

Lorsque vous atteignez la dictature, vous avez atteint le niveau maximum raisonnable, mais vous pouvez encore accéder à un niveau supérieur en faisant des choses vraiment folles. La dictature, c'est savoir que l'on est le mec le plus sexy de la ville et penser qu'il n'y a personne de mieux que soi, du moins parmi ceux que l'on connaît. Vous vivez une vraie vie d'acteur porno, baisant trop souvent et mettant votre vie en danger, à cause de l'agitation et de l'usure physique.

La dictature, c'est dominer d'une main de fer non seulement ses relations, mais aussi sa ville. Chaque jour que vous sortez, vous savez qu'elles sont là à vouloir vous rencontrer, de nombreuses filles séduisantes, qui deviennent rapidement un élément du processus productif, entrant et sortant de nos vies, sans entamer notre solidité, ni nous faire souffrir.

La dictature, c'est être un maître du flirt, qui ne se réjouit guère de ses victoires, ce n'est pas vrai, on se réjouit toujours un peu, mais on se réjouit moins, avec tant de filles que l'on flirte, tant de domination, tant de succès. Il y a un moment où l'on peut dire que, malgré les problèmes que certaines d'entre elles causent, ils sont bien peu de chose par rapport à ceux des petites amies. Vous vivez dans un paradis sur terre que vous ne devriez jamais quitter.

Qu'apprenons-nous ici ?

- Qu'au bout du chemin du maître se trouve le paradis et que ce paradis peut durer tant que vous maintenez vos capacités au maximum dans la mentalité. Si vous y parvenez, seul le physique, au fur et à mesure qu'il s'affaiblit, vous éloignera progressivement du rôle de dictateur.

- La dictature consiste à atteindre le sommet et à accomplir des actes légendaires. Lorsque tout le monde vous connaît et que vous avez une réputation de dragueur, beaucoup sont attirés précisément par cette réputation.

- La dictature, c'est de ne pas pouvoir s'occuper d'autant de personnes que l'on a et de se demander si l'on va bien ou si l'on doit se relâcher pour ne pas mourir de tant de baise.

L'addiction au sexe.

C'est vrai, à la fin du parcours du maître, vous devenez un drogué du sexe et vous devez avoir votre dose, pratiquement tous les jours, sinon vous devenez nerveux et anxieux.

Si vous avez beaucoup de filles à baiser en même temps et sans aucun engagement avec l'une d'entre elles, vous baiserez comme jamais auparavant et vous serez totalement accro. Ce n'est pas bon, c'est très bon, ici vous atteignez votre splendeur maximale et après cela vous devrez réduire un peu vos exigences parce que c'est déjà excessif et vous pouvez vraiment mourir. En plus, c'est beaucoup de stress pour beaucoup de femmes, c'est pour ça qu'après avoir donné le meilleur de soi et avoir vu la mort de près, on finit par avoir peur et à la fin on perd la tête et on passe à d'autres choses plus amusantes et plus folles, mais moins fatigantes.

Nous apprenons tout cela ici.

- Nous apprenons que cette période de baise maximale ne peut durer que quelques années, et qu'il faut ensuite se reposer, sinon quelque chose de très grave peut nous arriver.
- La plupart des gens ne peuvent pas supporter l'usure et se détendre ensuite en pratiquant d'autres activités moins pénibles, et comme il n'y a plus rien à faire après cela, la boucle est bouclée et vous redevenez un mauvais garçon qui a l'air à moitié bon.

Sadomaso.

S i vous avez beaucoup de filles à baiser, vous finirez par le faire brutalement, parce qu'elles vous demanderont de le faire elles-mêmes, elles vous diront de les baiser fort, ou vous verrez que cela les excite et vous le ferez. Tu deviens fou à force de baiser, tu deviens à moitié fou et tu baises comme un acteur porno en furie. D'autres, encore plus vicieux, vous disent de les frapper pendant que vous les baisez, ou de leur parler grossièrement.

Bref, vous finirez tôt ou tard par devenir un maître du SM. Après cela, presque rien ne vous excitera, car c'est beaucoup plus sauvage que le sexe normal.

Vous devenez complètement envié et votre production diminue, parce que vous n'éprouvez plus de satisfaction à baiser des filles de manière normale, mais elles deviendront vos esclaves, celles qui vous donneront le plus de satisfaction et celles à qui vous donnerez le plus de préférence. Ainsi, à cause de ces perversions, la production diminue et vous relâchez l'usure.

Qu'apprenons-nous ici ?

- Cette baise de type sadomaso est beaucoup plus satisfaisante pour vous.
- Que cela diminue votre production.

Crêtes de puissance.

Les pics de ma puissance ont eu lieu en 92, 93, 99, 2000, 2001, 2002, 2003, 2005, 2006, 2007, 2009, 2010, 2011, puis une chute brutale et ce n'est qu'en 2018 et surtout en 2019 que je reviendrais me démarquer. Cela va par vagues et dans ces années de pics de puissance, il y avait des chiffres doubles, triples et même quadruples par rapport à d'autres années plus faibles.

Qu'apprenons-nous de tout cela ?

- Nous apprenons que les bonnes années, lorsque la vague arrive, lorsque vous êtes en pleine possession de vos moyens, vous faites beaucoup plus que les années normales et ces années équilibrent les mauvaises années et rendent tout très positif.

Les bonnes années sont celles où l'on s'investit le plus, c'est aussi simple que cela, une grande partie du succès est liée à l'engagement. Celui qui s'y consacre, s'il a déjà la sagesse nécessaire, obtient les meilleurs résultats.

Détente.

On finit par être un peu fatigué, non pas à force de baiser, non pas à force de sortir, non pas à force de faire la fête et de rencontrer tant de femmes ; ce qui se passe, c'est que l'on est épuisé physiquement et mentalement, et que c'est parfois très stressant. Si vous trouvez une femme chaude, douée pour le sexe et qui vous gâte avec vos aventures et vos conquêtes, une femme qui joue les idiotes avec vos dalliances constantes, alors vous ralentissez, vous vous calmez un peu et vous vous reposez.

Je ne dis pas que vous allez être formel, mais vous devenez, au moins, attaché à elle, et vous lui donnez beaucoup d'importance. Elle pense qu'elle a un petit ami et vous vous consacrez beaucoup moins à la séduction, mais vous continuez à vous consacrer à elle et vous êtes assez heureux, parce que vous avez une bonne fille et que vous séduisez aussi.

Ce qui n'est au départ qu'un répit temporaire se transforme souvent en quelque chose de permanent et le séducteur s'efface peu à peu. C'est pourquoi il ne faut pas s'installer trop confortablement, sinon le jeu est terminé. Il faut toujours le faire temporairement et juste le temps de s'en remettre. C'est ainsi que se terminent les carrières des séducteurs qui n'ont pas su s'arrêter.

Qu'apprenons-nous ici ?

- Qu'il faut se reposer de temps en temps, mais attention à ne pas trop se relâcher, car le repos temporaire finira par être votre tombeau en tant que séducteur s'il dure trop longtemps.

- Si l'on peut mieux l'éviter.

Les vagues.

En séduction, et en général dans tout ce qui touche à la vie, il y a des moments où tout se passe bien, comme si une vague de femmes réceptives venait à vous, et puis une fois qu'elle est passée, il y a un temps très vide, dans lequel, bien que vous fassiez encore plus d'efforts que pendant la vague, vous obtenez beaucoup moins. Il faut être attentif et surfer sur toutes ces vagues qui viennent à vous.

Si la vague arrive, il y aura des périodes de forte production de pics et vous privilégierez la séduction, et s'il y a des périodes de pénurie, vous privilégierez cette fille qui vous détend et vous apaise. Une seule fille, c'est normal, mais il peut y en avoir plusieurs.

Je recommande d'avoir une triade, au moins 3 filles.

Lorsque l'on arrive à un âge avancé, on consacre généralement un petit pourcentage de son temps à la séduction, car le marché est lui aussi en déclin. À ce moment-là, on n'est donc pas à la retraite, mais en semi-retraite, dans l'attente d'une bonne offre. C'est ainsi que la vie du séducteur peut se terminer, en surfant à chaque fois sur des vagues de plus en plus petites et en se retirant progressivement.

Dès que la vague arrive, vous résistez rarement, voire jamais, et renoncez à votre tranquillité, et même si elle est grande, vous rompez avec ces femmes qui vous rassurent et retournez à la séduction intensive.

Il y a plusieurs semi-retraites et virages. C'est comme des vagues qui vont et viennent, et donc profiter des vagues qui passent et profiter du temps volontairement à faible activité, la fin de vos jours arrive.

Comme vous êtes un champion, il se trouve qu'à un âge très avancé, les femmes continuent de circuler dans votre vie, comme il ne pourrait en être autrement.

Qu'apprenons-nous ici ?

- Même si votre production baisse, même si vous êtes en semi-retraite, même si vous y consacrez moins de temps parce que vous n'êtes plus aussi performant qu'avant, vous ne vous retirez jamais complètement et vous êtes toujours désireux de séduire, vous vivez toujours pour la séduction et vous ne l'abandonnez jamais tout au long de votre vie.

Être immortel.

Après avoir passé des décennies à vous amuser comme un salaud, à vous vanter de tout ce que vous avez apprécié, vous allez en parler aux gens. Vous le faites pour qu'ils puissent accéder à votre savoir, mais aussi par pur orgueil et vantardise, et enfin pour que l'on sache que vous avez existé et que vous avez mené une vie différente de celle des gens normaux.

Beaucoup de gens le font, mais certains, comme moi, l'ont fait à des niveaux malsains. Je suis très heureux d'être dépendant des femmes, du sexe, de l'aventure et de l'excitation.

Grâce à mes livres, ce savoir restera et les gens sauront ce que j'ai pensé de tout cela. Cela vous donne de la notoriété, de la reconnaissance et vous rend immortel, alors après tout, même si je me vante de tous mes méfaits, je pense que cela me donne du prestige.

Je crois que j'aide beaucoup d'hommes à sortir d'une vie misérable, une vie basée sur l'obéissance à des femmes qui ne correspondent jamais avec eux sur un pied d'égalité, mais le font à partir d'une position de supériorité par rapport à eux, qu'ils traitent comme leurs subordonnés hautains. C'est pour tous ces hommes, qui vont redevenir de vrais hommes grâce à ces enseignements, que je suis motivée pour écrire tout ce que j'écris.

Qu'apprenons-nous ici ?

- Qu'en fin de compte, vous aimez être vous, vous vous vantez de vos conquêtes, vous vous sentez comme un putain de maître et vous êtes super fier de ce que vous avez fait.

Le sens de tout.

Le sens de tout est de remplir la fonction divine qui vous a été assignée à la naissance, car c'est quelque chose que vous ressentez au plus profond de vous, vous savez que vous êtes né pour le plaisir, la fête et les femmes.

Le sens de tout est d'accomplir la mission qui vous est assignée, Dieu le veut et s'en réjouit.

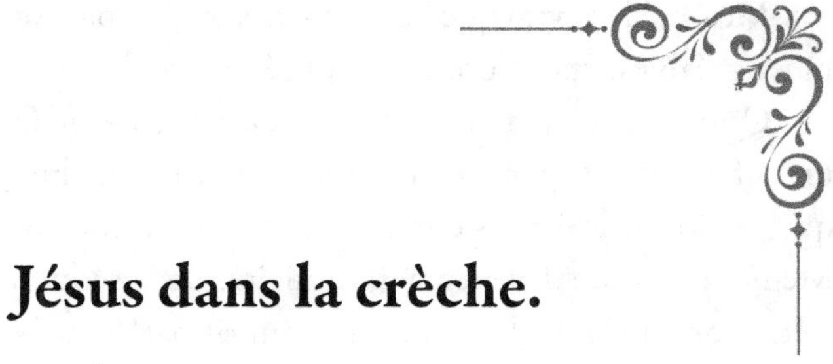

Jésus dans la crèche.

Un jour, j'ai entendu un chant de Noël qui m'a fait rire. J'ai été frappé par un verset qui disait.

-Et Jésus dans la crèche, il rit, parce qu'il est joyeux.

Je vais terminer, Jésus dans la crèche est un enfant qui rit parce qu'il est joyeux. Il doit en être de même pour vous, quel que soit le niveau auquel vous vous trouvez, et quoi que vous accomplissiez, vous devez rire parce que rien n'a d'importance, parce que vous pratiquez et vous vous consacrez, vous êtes sur le chemin du maître.

Quand on regarde toute sa vie en perspective, on ne peut pas vraiment distinguer les bons moments des mauvais, parce que tout nous semble bon. Aujourd'hui, je pense que les périodes sombres, avec des résultats horribles et d'énormes souffrances, étaient tout aussi satisfaisantes que les périodes fastes.

Les deux fois, c'était de bons moments. Ce qui se passe, c'est que lorsque vous êtes dans les mauvais moments, vous ne réalisez pas que c'est ce dont vous avez besoin pour atteindre les bons moments.

En fin de compte, vous ne vous souvenez sélectivement que des bons moments et vous oubliez les mauvais. Je pense aujourd'hui que ce sont les mauvais moments qui m'ont rendu puissant, car les bons moments ont été la matérialisation de ce que j'ai conçu dans mes mauvais moments, lorsque j'ai affiné mes compétences, que je me suis déterminé, que je me suis discipliné et que j'ai changé ce qui était nécessaire.

Même s'il est vrai que les moments où l'on baise comme un fou sont plus agréables, une chose est la conséquence de l'autre et tout va bien.

Quoi qu'il vous arrive, vous devez être comme Jésus dans la crèche, un enfant qui rit parce qu'il est joyeux. Comme lui, joyeux juste parce qu'il est joyeux. Si tu es comme ça, tu apprécieras tout ce qui t'arrivera. Même si vous ne devenez pas un maître de la séduction, si vous arrivez à être comme Jésus dans la crèche qui rit parce qu'il est joyeux, vous en profiterez.

Ce que nous apprenons ici

- Il faut rire, mais en travaillant sur le chemin de la maîtrise, rire des mauvais moments parce qu'ils ne sont pas si mauvais que ça, parce que vous êtes déjà en train de changer ce qui vous arrive.
- Rire pour le plaisir, c'est être très heureux, c'est très bien et je trouve cela merveilleux, mais si vous n'êtes pas sur la voie de l'amélioration, ce rire se transformera vite en larmes.

Se faire plaisir encore plus.

C'est ainsi que je termine ce livre, en me faisant plaisir une fois de plus, en me vantant de mes méfaits, en me sentant fier de tous mes massacres, et en avertissant que ce n'est pas fini et que j'ai l'intention de continuer jusqu'au jour de ma mort. Et si je pouvais le demander, dans ma prochaine réincarnation, je demanderais à nouveau à être un séducteur, comme je crois l'avoir été avant de naître, car c'est la meilleure vie qui soit, de loin supérieure à toutes les autres.

Résumé final.

Le chemin du maître commence dès l'enfance ou l'adolescence et se termine un peu avant la mort. Les filles changent, l'âge change, mais l'esprit reste inchangé. Ainsi, au fil des décennies, tout au long de votre vie, vous séduisez les femmes pour la seule satisfaction de les séduire.

Si vous suivez la voie du maître, vous apprendrez les techniques de séduction dont je n'ai pas parlé ici, mais c'est à cela que servent mes livres "Master in seduction" et "JD Absolute seduction". Grâce à eux et à votre pratique incessante, vous passerez du statut d'homme qui souffre à celui d'homme indépendant, heureux et putain de dur à cuire.

Tout le monde peut arriver au bout du chemin du maître s'il y met de la détermination. C'est là votre grande arme, le dévouement, la détermination à persévérer, à se relever, à continuer, bien plus que n'importe quel physique ou capacité.

La route a des bosses, des courbes et des dangers, les plus grands dangers viennent toujours de l'amour, et ce sont les mêmes filles que tu conquiers qui te retiennent aussi.

Vous le devez à la prochaine, vous devez penser à celle qui est seule, triste et qui s'ennuie, celle que vous ne connaissez pas encore, mais qui a besoin de vous. Pensez à cette femme et allez la chercher. Cette femme n'est pas heureuse, elle souffre. Tu y remédies et tu la rends heureuse.

Consacrez-vous à votre production, pour continuer à transformer des femmes tristes, sexuellement apathiques et ennuyées en femmes chaudes, joyeuses, heureuses et amusantes.

Vous faites le bien, vous faites aussi un peu de mal, mais il en résulte un plus grand bien, vous servez la société, vous servez la vie et c'est bon, juste et nécessaire.

La séduction sombre est une arme secrète, quelque chose de caché que personne ne connaît et que vous connaissez et utilisez très rarement. C'est un savoir que vous avez appris en marchant sur le chemin du maître, mais qui doit rester secret, en attendant qu'on en ait besoin.

Le chemin de l'enseignant est un chemin qui va de la douleur à la joie. De l'obscurité à la lumière.

Pour réussir, il n'est pas nécessaire d'aller jusqu'au bout, d'aller aussi loin que l'on veut, chacun a ses propres objectifs et tout le monde n'a pas forcément envie d'aller jusqu'au bout. Si vous atteignez ce que vous avez promis d'atteindre, même si ce n'est pas la fin, vous aurez réussi aussi. Je ne le comprendrai pas, mais vous le comprendrez. ha ha.

Les coéquipiers vont et viennent, les rivaux tombent, le temps passe. 40 ans après vos débuts, celui qui reste, c'est vous. Vous êtes toujours dans le jeu, à la recherche de nouveaux exploits pour accroître encore votre légende.

Oui, nous sommes malades, oui, nous sommes immatures, puérils, bla-bla, bla-bla, bla-bla, tout ce que vous voulez, mais comme c'est agréable ainsi !

Ainsi, de détraqué à détraqué, je vous le dis, je sais que beaucoup suivront mon héritage et que, inspirés par lui, ils le surpasseront de loin.

La voie du maître consiste à passer d'un sentiment de peur, de nervosité, de frustration et de tristesse à un sentiment de puissance, de domination, de bonheur et de fierté pour tout ce qui a été accompli.

C'est ainsi que le garçon qui s'imaginait être leur héros a fini par l'être.

Si les filles ne se souviennent plus de vous à cause du temps qui s'est écoulé, cela n'a pas d'importance, ce qui compte c'est que cela s'est passé, que vous étiez là, que vous avez fait vos merveilles. Cela restera à jamais non seulement dans votre tête, mais aussi dans l'esprit des livres, et si quelqu'un les lit attentivement, il pourra ressentir toutes les sensations dont je vous ai parlé. Quelqu'un pourra devenir un Maître.

Nous faisons beaucoup de bien aux filles, nous leur faisons passer de bons moments avec nous. La voie de l'enseignant est de répandre la joie, un peu d'amour et beaucoup d'amusement.

La voie du maître consiste à abandonner la douceur et à pratiquer la dureté, mais aussi à abandonner la dureté excessive, car cette dureté est en fait une faiblesse et elle nous nuit.

Je me félicite aussi pour ces personnes du futur qui continueront cette vie merveilleuse, juste et pure, la meilleure vie du monde, la vie du séducteur sans vergogne et charmant.

Un jour, de plus en plus lointain, le voyage du maître s'achèvera dans l'imagination d'un vieil homme qui revit ses aventures et en fantasme de nouvelles qui ne viendront jamais.

Vous pouvez être le prochain enseignant !

Jouons !
Envolons-nous !
Réussissons !

Did you love *La voie du maître de la séduction*? Then you should read *Attirer les Femmes par la Masculinité*[1] by John Danen!

[2]

Apprenez l'art d'attirer les femmes par la masculinité. Transmettez vos qualités les plus masculines et devenez un homme convoité par les femmes.

---

1. https://books2read.com/u/boyxvp

2. https://books2read.com/u/boyxvp

Also by John Danen

Seduction 5.0
S.A.X.
Chicas complicadas
Seducción 5.0
El libro del tonto
Macho Alpha
Macho alpha extracto
La seducción después de la pandemia
Terriblemente atractivo
Seducción 5.1
Sedução 5.1
How to be Cool and Attractive
Sedução. Avançada. X.
Garotas complicadas
¡Basta de ser buen chico! Sé un chico malo.
El método JD. El método de seducción de John Danen
El arte de agradarte a ti mismo
¡Basta ya de abusos! ¡Defiéndete!
Enought with the abuse! Defend yourself!
Máster en seducción
Las mujeres. El amor. Y el sexo.
Supera la dependencia emocional
Atrae mujeres con masculinidad
JD Absoluta seducción
El fracaso del amor

Entender a las mujeres
La vida del seductor sinvergüenza y encantador.
El arte de la dureza
Terrivelmente atraente
Deixe de ser um bom da fita! Seja um mauzão.
Superar a dependência emocional
A arte de se agradar
Pare o abuso! Defenda-se!
O fracasso do amor.
O método JD
Don´t Be a Good Boy! Be a Badass
Complicated girls
The Art of Pleasing Yourself
Duro y Sinvergüenza
Mestre en sedução
JD Method
The Failure of Love. The Trap of Serious Relationships
Master in Seduction
A. S. X. Advanced. Seduction. X
Women. Love. Sex
How to Become a Real Man. Be an Alpha Male
Attract Women with Masculinity
JD Absolut Seductión
Understanding Women
The Life of the Shameless and Charming Seducer.
The Art of Toughness
Tough and Shameless
Überwindung der Emotionalen Abhängigkeit
Maître en séduction
Schrecklich Attraktiv
Surmonter la Dépendance Émotionnelle
L'art de la dureté
Die Kunst der Zähigkeit

Hör auf, ein guter Junge zu sein, sei ein böser Junge
Assez D'être un Bon Garçon ! Sois un Mauvais Garçon.
Die Kunst, sich Selbst zu Gefallen
Dur et sans Vergogne
Hart im Nehmen und Schamlos
L'art de se Plaire à soi-Même
Das Scheitern der Liebe
L'échec de L'amour.
Meister der Verführung
Die JD-Methode
Maestro di Seduzione
Terriblement Attrayant
La Méthode JD
Capire le donne
Compreendendo as Mulheres
Comprendre les Femmes
Die Frauen Verstehen
Les Filles Compliquées
Komplizierte Mädchen
JD Séduction Absolue
La Vie du Séducteur Charmant et sans Vergogne
Les Femmes. L'amour. Et le Sexe.
Mâle Alpha
S.A.X.
V.F.X.
Donne. Amore. E il sesso.
Ragazze Complicate
Superare la Dipendenza Emotiva
Seduzione. Avanzata. X.
Dark Seducción
Il Fallimento Dell'amore.
Il Metodo JD
Alphamännchen

Atrair Mulheres com Masculinidade
Attirare le donne con la Mascolinità
Attirer les Femmes par la Masculinité
Mit Männlichkeit Frauen Anziehen
Frauen. Liebe. Und Sex.
L'arte di Piacere a se Stessi
Mulheres. Amor. E Sexo.
JD Seduzione Assoluta
JD Absolute Verführung
JD Sedução Absoluta
Das Leben des charmanten, schamlosen Verführers
Smettila di Fare il Bravo Ragazzo! Essere un Cattivo Ragazzo.
La Vita del Seduttore Affascinante e Spudorato
A Vida do Sedutor Encantador e sem Vergonha
Macho Alfa
Uomo Alfa
Séduction 5.0
Verführung 5.0
Seduzione 5.0
Duro e Senza Vergogna
Duro e Sem Vergonha
L'arte della Durezza
A Arte da Dureza
The Fool's Book
Das Buch der Dummköpfe
Il Libro dei Pazzi
O Livro do Tolo
Dark Seduction
Dunkle Verführung
Sedução Escura
Dark Seduction
Seduzione Oscura
Le livre du fou

Como materializar lo que deseas con el fxxxxxx power
Como materializar o que você quer com o Fxxxxxx Power
El ángel Sex-terminador
El seductor vampiro
O Vampiro Sedutor
Sex-Terminating Angel
The Vampire Seducer
How to Materialize What You Want With The Fxxxxxx Power
El camino del maestro
Il vampiro seduttore
O camiño do mestre
La via del maestro
Der verführerische Vampir
Le sedusant vampire
Der Weg des Meisters
La voie du maître de la séduction
The Way of the Master
Come materializzare ciò che si desidera con il Fxxxxxx Power
Wie Sie Ihre Wünsche verwirklichen können mit dem Fxxxxxx Power
El método EDP
O método EDP
The EDP method

About the Author

Español.

Soy un hombre vividor y divertido que busca el lado bueno de las cosas siempre.

Mi experiencia es el campo de las relaciones personales y de la seducción. Por eso tras dedicarme larguísimas décadas a ello, quiero trasmitir mis conocimientos. Para que las nuevas generaciones tengan unos conceptos que les den una ventaja competitiva sostenible y poderosa en el campo del amor.

Quiero ayudarte a a conseguir tus metas.

Portugués.

Sou um homem animado, e divertido, que sempre procura o lado bom das coisas.

Minha experiência está no campo das relações pessoais e da sedução. É por isso que, após décadas de dedicação a ela, quero transmitir meus conhecimentos.

Quero ajudá-los a alcançar seus objetivos.

Inglés

I am a lively and fun man, who always looks for the good side of things.

My experience is in the field of personal relationships and seduction. That is why, after decades of dedicating myself to it, I want to pass on my knowledge. So that the new generations have concepts that give them a sustainable and powerful competitive advantage in the field of love.

I want to help you achieve your goals

Français Je suis un homme vif et drôle qui cherche toujours le bon côté des choses.

Mon expérience se situe dans le domaine des relations personnelles et de la séduction. C'est pourquoi, après m'y être consacré pendant des décennies, je veux transmettre mes connaissances. Pour que les nouvelles générations disposent de concepts qui leur donnent un avantage concurrentiel durable et puissant dans le domaine de l'amour.

Je veux vous aider à atteindre vos objectifs.